U0015571

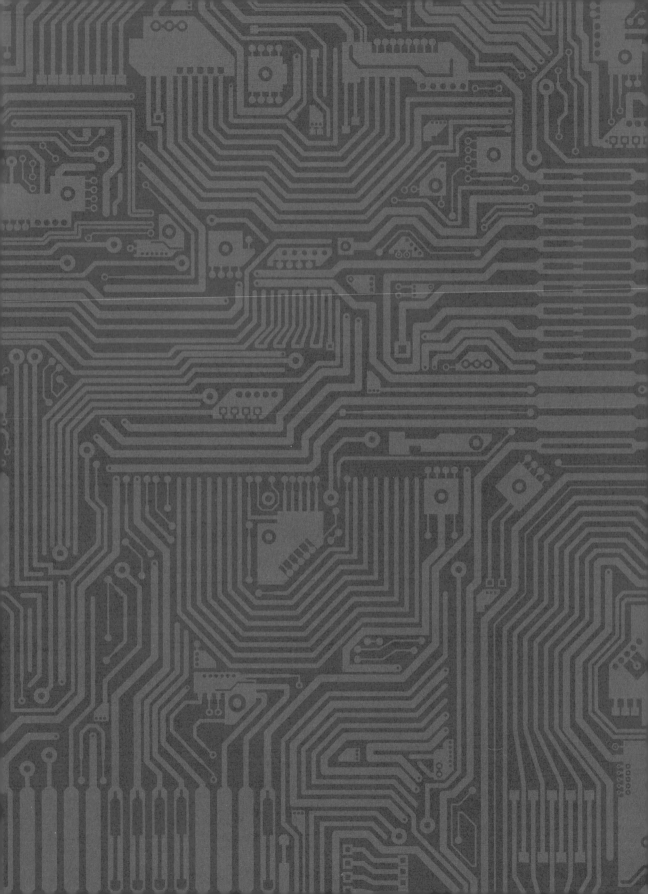

60秒變身 60-Second Genius Technology

科技小天才

1分鐘
掌握重點
知識！

敘述簡單扼要，圖解清晰易懂，學習變得有趣又快速！

強‧理查茲 Jon Richards 著

洪夏天 譯

商周教育館 56
60 秒變身科技小天才

作者——強 . 理查茲（Jon Richards）
譯者——洪夏天
企劃選書——羅珮芳
責任編輯——羅珮芳
版權——吳亭儀、江欣瑜
行銷業務——周佑潔、黃崇華
總編輯——黃靖卉
總經理——彭之琬
事業群總經理——黃淑貞

發行人——何飛鵬
法律顧問——元禾法律事務所王子文律師
出版——商周出版
台北市 104 民生東路二段 141 號 9 樓
電話：(02) 25007008・傳真：(02)25007759
發行——英屬蓋曼群島商家庭傳媒股份有限公司城邦分公司
台北市中山區民生東路二段 141 號 2 樓
書虫客服服務專線：02-25007718；25007719
服務時間：週一至週五上午 09:30-12:00；下午 13:30-17:00
24 小時傳真專線：02-25001990；25001991
劃撥帳號：19863813；戶名：書虫股份有限公司
讀者服務信箱：service@readingclub.com.tw
城邦讀書花園：www.cite.com.tw
香港發行所——城邦（香港）出版集團
香港灣仔駱克道 193 號東超商業中心 1F
電話：(852) 25086231・傳真：(852) 25789337
E-mail: hkcite@biznetvigator.com
馬新發行所——城邦（馬新）出版集團【Cite (M) Sdn Bhd】
41, Jalan Radin Anum, Bandar Baru Sri Petaling,
57000 Kuala Lumpur, Malaysia.
電話：(603) 90578822・傳真：(603) 90576622
Email: cite@cite.com.my

封面設計——林曉涵
內頁排版——陳健美
印刷——韋懋實業有限公司
經銷——聯合發行股份有限公司
電話：(02)2917-8022・傳真：(02)2911-0053
地址：新北市 231 新店區寶橋路 235 巷 6 弄 6 號 2 樓

初版——2022 年 6 月 2 日初版
定價——450 元
ISBN——978-626-318-252-3

國家圖書館出版品預行編目 (CIP) 資料

60 秒變身科技小天才／強・里查茲（Jon Richards）著；
洪夏天譯 . -- 初版 . -- 臺北市；商周出版；英屬蓋曼群島
商家庭傳媒股份有限公司城邦分公司發行, 2022.06
　面；　公分 . -- (商周教育館；56)
譯自：60-Second Genius: Technology
ISBN 978-626-318-252-3 (平裝)

1.CST：科學教育 2.CST：初等教育

523.36　　　　　　　　　　　111004622

線上版回函卡

（缺頁、破損或裝訂錯誤，請寄回本公司更換）
版權所有・翻印必究　Printed in Taiwan

60-Second Genius: Technology
Copyright © Welbeck Children's Limited, part of Welbeck Publishing Group
Complex Chinese Translation copyright © 2022 by Business Weekly Publications,
a division of Cité Publishing Ltd.
Published by arrangement with Welbeck Publishing Group Limited through
The PaiSha Agency
ALL RIGHTS RESERVED

60秒變身

科技小天才

目錄

*每看完一個主題就打個勾勾。數一數，你總共挑戰完幾個主題了呢？

第一章

能源

第二章

建築與工程

第三章

交通

第四章
休閒娛樂

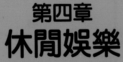

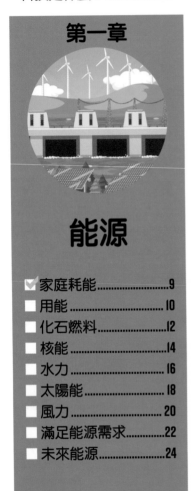

第五章

資訊科技

第六章

科學與科技

第七章

太空科技

科技是什麼？

運用科學和知識，創造幫助我們執行特定任務的系統、工作方法、機器和設備，就是科技。

超過20萬年前，人類出現在地球上，自此之後人類便活用各種科技，讓生活更加便利。史上最早的科技，包括製作簡易工具獲取和準備食物，建造棲身之所。

隨著歲月流逝，我們的知識變得更加豐富，也發展了更加先進的科技來製造我們所需的一切事物。包括盤子裡盛裝的食物，我們居住的建築物，使用的交通工具，都脫離不了科技；我們還發射無人探測器，把它們送出地球，探索外太空。

第一章

能源

家庭耗能

瞧瞧家中四處，你找得出每一個需要「能源」才能運轉的東西嗎？掛在天花板上的燈泡，烹調食物的烤箱，或是手機發亮的螢幕，都會使用到能源。

保持溫暖

以前，人們靠生火取暖。現在寒冷地區的每個家庭都裝有片狀散熱器，或在每個房間安置小電暖爐，它們都靠電來運轉。

保持涼爽

住在炎熱地區的人們會使用冷氣保持室內涼爽，冷氣也仰賴電發動。

滿室明亮

很久以前，人們得點蠟燭和油燈才能照亮家裡，後來改為煤氣燈，現代人則使用電燈。

娛樂

平面電視、遊戲機、筆記型電腦等裝置，都使用大量電力。

烹調

人類在數千年前首次用火烹煮食物。如今，我們用電爐、瓦斯爐或烤箱來煮食。

發電

現代人消耗的能源非常多，我們必須建造巨大的發電廠，把化學能和核能變成電力。我們也使用風力、水力和太陽能等再生能源發電。這些能源不會耗竭，因此稱為再生能源。為了減少大氣中的碳，我們必須使用更多比較乾淨的能源，包括核能和再生能源。

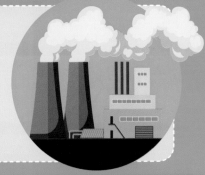

用能

放眼歷史，人類從身邊取得各種能量，靠它們來生活與生存，包括活用人類自身的力量、馴化動物並使用獸力，還有流動的風力與水力。

人力

人類從食物獲取能量。史前人類製作各種器具，善用人力完成各種任務，比如用磨平的石頭碾碎玉米。約莫在5,500年前，人類發明了用腳轉動的陶輪來製作陶器。然而人力有限，完全仰賴參與者的力氣和耐力。

獸力

人類馴化動物並借助牠們的力量，完成更耗費力氣與時間的工作。人類約在10,000~6,000年前馴化了牛和馬，牠們不只是人類的食物來源，也能幫忙拉動車輛，推動簡單的機械裝置。

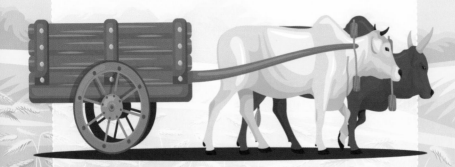

風力

早在4,000年前，人類就藉由風的力量推動船隻和機械。古埃及人早在西元前3400年就建造了帆船，是史上最早建造帆船的紀錄之一。而在陸地上，人類靠風力轉動巨大的風車葉片（也稱為翼板），可以推動磨石器把穀物磨成粉，也可以把深井中的水運到地面上來。

風車葉片

流動的水力

水轉動大型水車，再推動各種功能不同的機械，像是磨穀粒的磨石、伐木的鋸子。18世紀工業革命時，人們還利用水力推動梭織機來織布。

化石燃料

化石燃料由數百萬年前死去的生物遺骸形成。隨著時間流逝，這些殘骸轉變為泥炭、煤、石油和天然氣等化石燃料，人們利用它們得到熱和光，也靠它們移動或推動機械。

進氣

保暖、加熱與烹調

化石燃料燃燒後會以熱和光的形式釋放能量。有些科學家認為，人類從150萬年前開始用火，燃燒木頭來烹煮食物，獲得溫暖和光源，也用火嚇跑掠食者。

煮水

善用化石燃料的其中一種方式，就是用它們把水加熱，水一沸騰就會產生水蒸氣。水蒸氣會增加密閉容器內的壓力，這股高壓氣體可用來推動物體。西元1世紀時，希臘數學家和發明家，亞歷山大的希羅發明的汽轉球，就是史上第一個靠蒸氣驅動的機器。18、19世紀的工業革命時期，人類用燃煤的蒸氣引擎發動機器和火車。

希羅的汽轉球是在輪軸上安裝一個空心球，並在一個封閉容器中裝水，加熱後就會產生水蒸氣，水蒸氣再經管子進入球體。球體上的兩個氣管噴出水蒸氣的同時，球體會不斷旋轉。

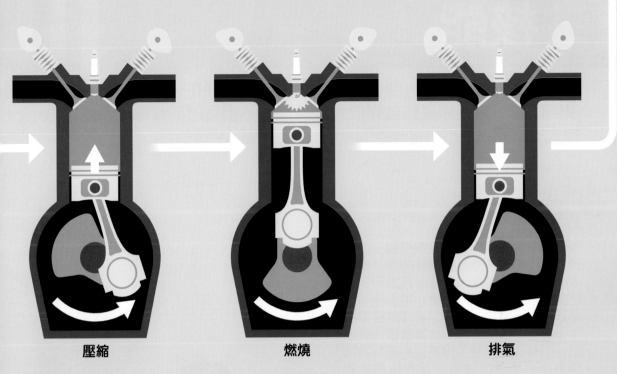

壓縮　　　　　　　　燃燒　　　　　　　　排氣

內燃

蒸氣引擎將水加熱產生水蒸氣與驅動力，內燃引擎則在引擎內燃燒燃料，產生動力。傳統的汽車引擎把汽油推進汽缸，與空氣混和。活塞上升，擠壓混和物並加以點燃，引發爆炸，爆炸會把汽缸往下推。汽缸的移動促使車輪轉動。柴油引擎的運作原理也很類似。

發電

我們可用化石燃料發電。電不是能源，但是種把能量從一地傳到另一地的便利媒介，而且大部分的機器都靠電來運轉。化石燃料發電廠會在巨大的爐子中燃燒煤、石油或天然氣，把水變成水蒸氣，水蒸氣推動裝了葉片的巨大輪子，也就是渦輪。渦輪不斷旋轉，發電機跟著運轉，產生電力。

組成原子的微小粒子，是由非常強大的力量凝聚在一起。原子核是原子的中心，分裂原子核會釋放大量能量，不但可用於發電，也能製造強大的武器。

分裂原子

有些元素比其他元素更容易分裂，比如鈾。進行核分裂時，鈾原子的原子核吸收一個游離的中子，讓原子核處於不穩定的狀態，分裂成兩個更小的部分，同時釋放能量。這個過程也會釋放更多的中子，它們飛散出去，被其他原子核吸收，引發連鎖反應。只要控制這個連鎖反應，就能產生發電廠運作所需的能量，製造電力。

0.5公斤的鈾進行核分裂所釋放的能量，相當於燃燒3,000噸的煤所釋放的能量。

世界各地共有約440座核子反應器，提供全球約10%的電力。

優點	缺點
‧核能製造的溫室氣體非常少：每吉瓦時（GWH）只會產生29公噸的二氧化碳；使用燃煤的話，每吉瓦時會製造1,000公噸的二氧化碳。	‧核子反應器發生意外時，會引發災難性的後果。據估計，1986年的車諾比事件造成4,000人死亡。
‧核能非常穩定，隨時隨地都能供電；相比之下，風力和太陽能等再生能源的輸出能力相當不穩定。	‧世界各地的核子反應器每年製造約34,000立方公尺的廢棄物，足以裝滿14座奧運尺寸的泳池。這些廢棄物的放射性必須經歷漫長時間才會衰退，形成危害的時間能長達數千年。
‧核能發電廠的運轉費用，遠比使用化石燃料的發電廠低廉，有時不到燃煤發電廠的一半。	‧建造與安全拆除核電廠的費用，可高達數百億美金以上。

處理廢棄物

核能會產生對人類與環境有害的廢棄物，它們共分為三級：

‧**低強度廢料**：放射性污染較低的物品，比如工具和衣物。
‧**中強度廢料**：大部分是反應器內的物品，比如過濾器和金屬零件。
‧**高強度廢料**：仍含有放射性物質的物品，比如用過的鈾燃料棒。

有些核廢料可以回收並供應給其他反應器使用，有些核廢料則被密封起來，存放在地底下的倉庫，必須等待數千年，它們才不會污染周圍環境。

水力

早在數千年前，人類就會利用流動的水推動水車，把小麥磨成麵粉；且在工業革命初期，也用水推動工廠機械。如今，水力發電廠提供全球將近20%的電力。

不斷旋轉的渦輪

水力發電廠利用流動的水轉動巨大的渦輪，這是一個裝了葉片的大輪子。渦輪連接到發電機，發電機中有個巨大的線圈，它在磁場中旋轉時會產生電流。

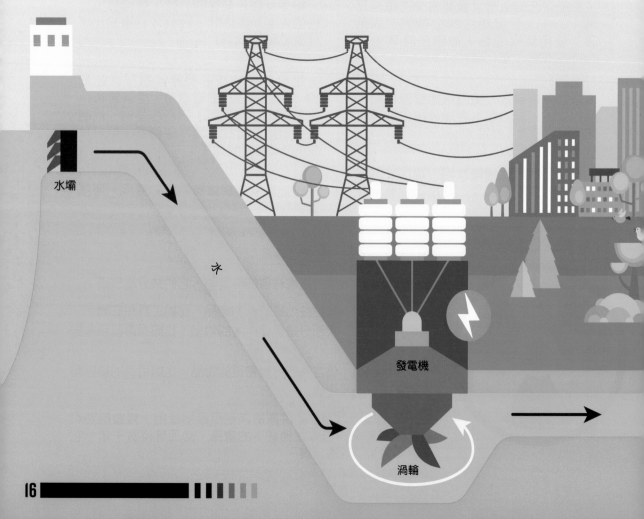

水壩

水

發電機

渦輪

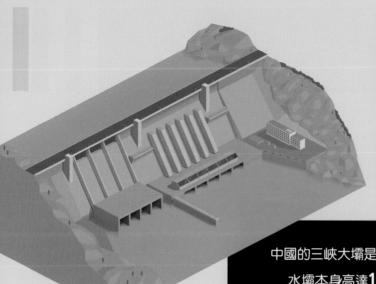

巨大的水壩

建有大型水壩的水力發電廠最為常見。水壩是由岩石和混凝土塊組成的巨大牆面，它會擋住河谷中的水流，形成廣大的湖泊。當電力需求夠高時，就打開壩上的龐大水閘，讓水流過水道，轉動與發電機相連的渦輪。

中國的三峽大壩是全球最大的水力發電用水壩。

水壩本身高達**181公尺**，長達2,335公尺，完工後創造了一個面積廣達1,045平方公里的水庫。

它的發電量高達**22,500百萬瓦**。

抽水蓄能電廠

抽水蓄能電廠建有兩個水庫。需要電力時，上層水庫會放水，讓水流過管道，轉動與發電機相連的渦輪，再流進下層水庫。當電力需求比較低時（通常是夜間），就把過多的水抽回上層水庫，下次需要時即可再次利用。

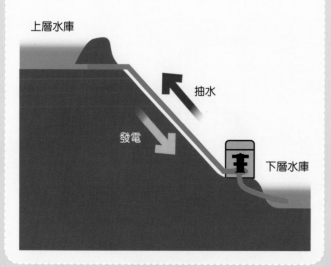

上層水庫

抽水

發電

下層水庫

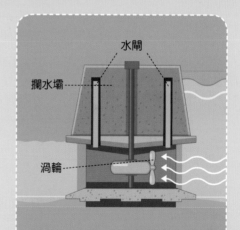

水閘

攔水壩

渦輪

潮汐發電

海水每天都會漲落，這也是一種可用來發電的能源。我們可把渦輪置於水中，也能在河口建造設有渦輪的大型攔水壩，利用潮汐水力。然而適合建造攔水壩的地區不多，而且它們可能會破壞海床和沿海地區的環境。

太陽能

每天的每一分鐘，太陽都朝地球發送無止盡的能量。我們的挑戰是把這些能量轉換成可以穩定輸出的高效率電力。

太陽能量

儘管太陽距離我們1億5,000萬公里遠，地球仍可接收到許多來自太陽的能量。在地球向陽面，每平方公尺可接收到1,360瓦的能量；一平方公尺在一小時內吸收的能量，足以提供一台冰箱運轉一天所需的電力。

太陽爐

此種太陽能發電廠是利用鏡子把陽光集中到一座爐子上。太陽能加熱水，產生水蒸氣，蒸氣推動渦輪，進而轉動發電機，產生電力。只有氣候晴朗、陽光普照的地區，才適合建造太陽爐發電廠。

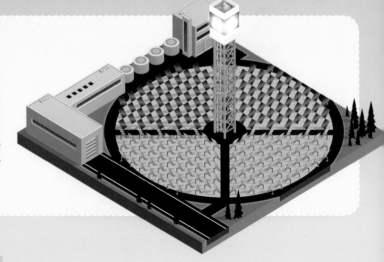

太陽能光電系統

這是一種把光轉換為能量的系統。太陽光落在太陽能板上時,會產生電荷,製造電流。單一的光電池其實很小,只有人類毛髮的4倍粗細。把光電池排在一起,就會組成大太陽能板或光能陣列。

印度的巴德拉太陽能公園
是世上最大的太陽能發電廠之一,
面積廣達45平方公里,
發電量高達**2,245百萬瓦**。

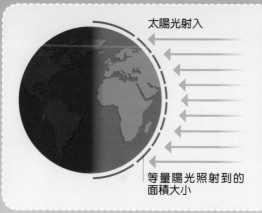

太陽光射入

等量陽光照射到的
面積大小

優缺點

太陽能不會產生溫室氣體,又是再生能源,但有幾個限制。首先,每天的陽光強弱都不同,雲層也會減少抵達地面的陽光量。再者,太陽能板只有在白天有陽光時才能運作。要把太陽能變成可靠且穩定的電力來源,就必須想辦法把這些電力儲存下來,才能在需要用電時發揮效用,比如以大型電池蓄電。

微功率太陽能模組

我們可以小規模地運用太陽能,比如在建築物與住家安裝光電池,為單一建物供應電力。我們也能用太陽能直接加熱洗澡水。

風力

早在數千年前，人類就利用風力把穀物磨成粉末，從井中抽水，現在我們也用風力發電。風力產生的電力約占全球需求的7%。

短艙

這是位在塔頂的方室。軸心、齒輪箱和發電機都位在這兒。

葉片

這些細長的葉片從風力渦輪機的中心往外伸。這些形狀特殊的葉片，最長可達100公尺，一有風吹就會轉動。

旋翼轂

這是風力渦輪機的中心，葉片繞著這裡旋轉。

塔架

把葉片撐高的柱狀體，每個風車塔都必須相隔一定距離，才能讓葉片自由轉動。風力渦輪機的高度各不相同，現在有些可高達260公尺。

岸上渦輪機的發電量通常是200~300萬瓦，足以為**1,500戶家庭**提供電力。

風力渦輪機

掌握風力

風力渦輪機把空氣流動（風）的動能轉化為電力。風吹過葉片，葉片轉動，帶動短艙內的軸心旋轉。軸心連接到齒輪箱，如果葉片每分鐘旋轉30~60圈，齒輪箱每分鐘會快速轉動1,800圈，再由發電機將動能轉換成電力。

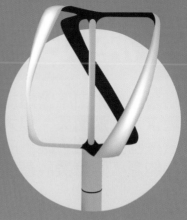

微功率風力模組

我們可以在建築物和住家的室外空間，安裝小型的風力渦輪機，來供應少量電力。有人甚至計畫在路邊建立風力渦輪機，收集經過的汽車和卡車所產生的風能。

每秒風速3~5公尺的微風，就能讓風力渦輪機運轉。但風力太強時，必須關閉風力渦輪機。

風力農場

我們可以在陸地和海面建造由數個風力渦輪機組成的風力農場，前者稱為岸上風力農場，後者稱為離岸風力農場。中國的酒泉風電基地是世上最大的風力農場，建有7,000座風力渦輪機，發電量達20吉瓦。最大的離岸風力農場則是英國泰晤士河口的倫敦陣列，它的發電量達630百萬瓦。

滿足能源需求

隨著全球人口不斷增加，許多國家和人民變富裕的同時，能源需求也一飛衝天。但大量消耗能源會破壞我們的地球，造成無法挽回的傷害，唯一的解決方法就是找到更乾淨、便宜、可靠的能源，同時發展善加利用這些能源的科技。

人口增加

聯合國的一份報告指出，全球人口將在2050年增加到96億，其中50%的成長都發生於非洲。

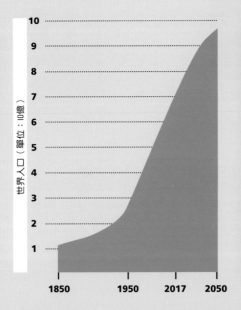

世界人口（單位：10億）

10
9
8
7
6
5
4
3
2
1

1850　1950　2017　2050

加拿大和美國每個人的能源消耗量，是發展中國家的

800倍。

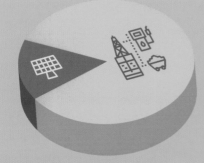

再生能源與非再生能源的對決

近年來，再生能源的產量逐漸增加，但與傳統的非再生能源相比，前者還是比較昂貴，而就持續產出而言，前者也不比後者可靠。因此，84%的全球能源仍依靠石油、天然氣和煤等化石燃料產生。

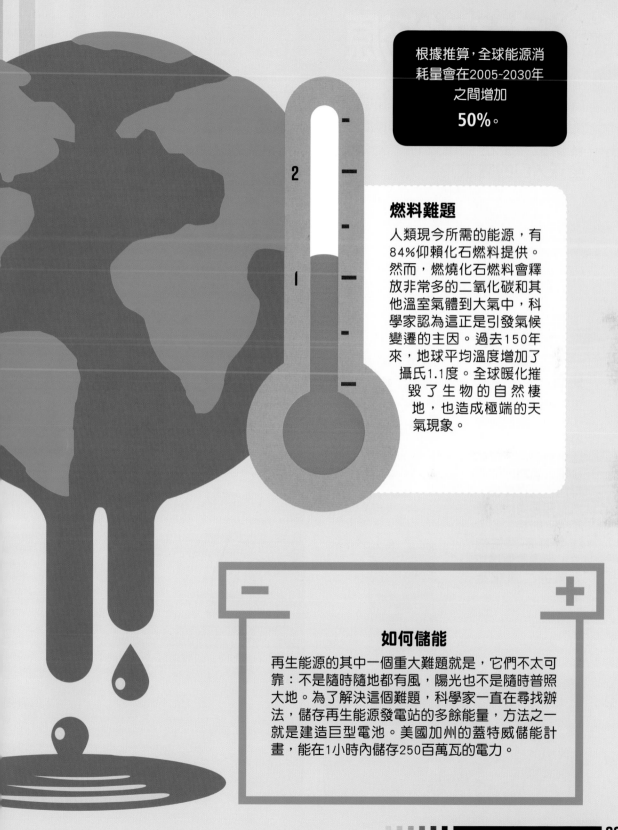

根據推算，全球能源消耗量會在2005-2030年之間增加 **50%**。

燃料難題

人類現今所需的能源，有84%仰賴化石燃料提供。然而，燃燒化石燃料會釋放非常多的二氧化碳和其他溫室氣體到大氣中，科學家認為這正是引發氣候變遷的主因。過去150年來，地球平均溫度增加了攝氏1.1度。全球暖化摧毀了生物的自然棲地，也造成極端的天氣現象。

如何儲能

再生能源的其中一個重大難題就是，它們不太可靠：不是隨時隨地都有風，陽光也不是隨時普照大地。為了解決這個難題，科學家一直在尋找辦法，儲存再生能源發電站的多餘能量，方法之一就是建造巨型電池。美國加州的蓋特威儲能計畫，能在1小時內儲存250百萬瓦的電力。

未來能源

除了尋找更有效率又可靠的再生能源外，科學家和工程師同時也在研究其他的發電途徑，好滿足全球人口的需求。

地熱

從地球深處的地核傳來的熱度往上升，加熱地底下的水脈和水蒸氣。挖掘這些地熱庫會釋放巨大的能量，而且能持續不斷地供應，比風力和太陽能都更穩定可靠。然而，只有特定地區能使用地熱能。而且我們必須進行大規模的挖掘與鑽探才能深入地殼，可能會造成危害；不過，開採地熱能造成的影響，還是遠低於開採煤礦與架設油井。

生質

生質能指的是把原本會被棄置於掩埋場的自然原料收集起來並燃燒，藉此發電。這些自然原料包括動物糞便、木屑和被淘汰的農產品。雖說生質也許可算是再生能源，但還是會增加大氣的二氧化碳量。

生質燃料

美國阿拉巴馬州收集並燃燒用來淨化廢水的海藻，產生能量。

收集太空能量

面對人類的能源難題,太空也許提供了另一個出路。出了大氣層後就少了一層阻隔,我們可以發射繞行地球的太陽能電池,讓它們吸收大量的太陽能,再傳回地球。

氫

氫是宇宙中最豐富的元素,我們周遭74%的物質都是由氫組成。 氫燃料電池結合氫與氧,製造水與電。有些汽車已經開始使用燃料電池來發動。

核融合反應器

核融合是另一種利用氫原子產生能量的途徑。氫核子融合在一起會產生巨大的能量,太陽的能量也來自核融合。核融合發電與傳統核能的差異在於,核融合不會有爐心熔毀的問題,但它所產生的能量非常難以控制。

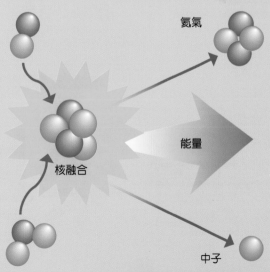

氦氣

核融合

能量

中子

第二章

建築與工程

放眼四周，就會看到各式各樣的建築，它們能用做工作空間、學校、住家和娛樂場所，我們在其中工作、休息和玩樂。

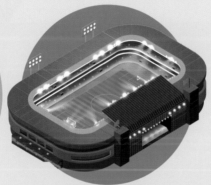

住家

不管你住在占地廣闊的豪宅、小巧的農舍，還是高聳入雲的公寓大廈，都需要花時間建造，你才有休息、盥洗、吃飯和睡覺的空間。

娛樂建築

運動和娛樂活動也需要專用建築，比如巨大的體育場、競賽跑道、劇場，也可能是一片設有舞台的空地。

公用設施

除了生活與工作之外，我們平時使用的水電也仰賴特定建築物與設施才能供應，包括巨大的水壩、發電廠和濾水廠，以及傳送電、瓦斯和水到住家和工作場所的各種電纜與管線。

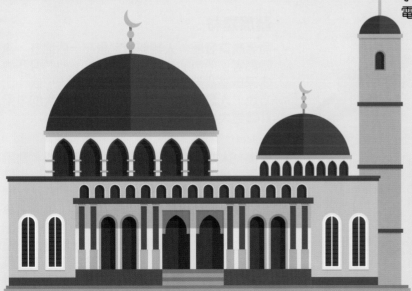

儀式性建築

有些建築意義特殊，比如政府機關開會的場所、統治者居住的宮殿，或民眾進行宗教儀式的地方。有些建築物相當雄偉，常有繁複的裝飾。

放眼歷史，人類為了遮風避雨與日常生活，建造了各種形式的建築。隨著科技發展，人類使用的建材和工具也大幅進步。

移動的住所

人類一開始過著游牧生活，為了尋找食物和水源，會從一個地方遷徙到另一個地方。因此人類一開始搭建暫時性建築，只供短期使用。當時的人類利用隨手可得的材料，比如樹枝、獸骨和獸皮來蓋屋子。

除了自行建造，早期的人類也會使用自然形成的地勢當作棲身之處，比如洞穴。我們在許多洞穴都發現很多獸骨和被丟棄的石製工具，證實了人類的確曾以洞穴為家。

發展建材

隨著農業發展，人類開始定居在一個地方，連帶影響了他們的住宅和建築風格。他們會巧妙處理身邊找到的原料，形塑成需要的形狀。比方說，人類學會利用黏土、石頭和碩大的木梁打造更大也更耐久的建物。

最後，人類學會如何創造新的建築材料，利用烘烤煅燒的程序，把黏土變成磚塊；同時也學會改變金屬的形狀，打造巨大堅固的結構。他們也開始結合不同材料，讓房子更加穩固，比如泥笆牆（編織格柵再用泥土、黏土或糞便加以固定）。混凝土也是一種複合材料，用水泥黏合由砂礫組成的混合物；首次把混凝土當作建材的，是古埃及人和羅馬人。

MAGRIPPA·L·F·COS·TERTIVM·FECIT

黏土建築

冰屋

建築樣貌的發展

人類除了改變建材用料，也學會配合所
在地區和建築功能改變建築樣貌。他們
發現如何建造天氣炎熱時仍能保持室內
涼爽的建築，比如羅馬人以水池為中心
建造房屋；也懂得建造在極度寒冷的天
候下，仍能保持室內溫暖的房子，比如
冰屋。

防護與儀式

除了上述早期的住宅型式外，
人類也開始建造其他功能的建
築，它們都扮演了相當重要的
角色，包括保衛用的厚牆和防
禦性建物，供宗教膜拜的雄偉
寺廟，還有供統治者居住的宮
殿。在某些實例中，人們建造
規模龐大的土木工事，好讓這
些建築物高過全城的其他建
築，讓人們一眼看到就明白它
們的重要性。

現今，世界各地的住宅都依據各地所使用的建材、當下的潮流與風格，以及建造地點，呈現出截然不同的風貌。

磚塊與木頭

許多現代住宅都使用可大量製造、處理的原料，比如磚塊和木頭。不過，這些房屋的風格和特色都會隨時間而變化。從一排排的連棟建築，到占地廣大的獨棟豪宅，各有不同。

大樓公寓

城鎮或都市中心等空間不足的地方，建築師會將單一建物分隔成許多比較小的住宅單位，也就是大樓公寓。

住在地下

在非常炎熱的地區，人們會在地面下建造住宅，因為地下比較涼爽。土耳其卡帕多奇亞的洞穴住宅就是一例，早在銅器時代，這裡的人就開始挖掘洞穴做為住宅；澳洲庫柏佩迪則是座位於地下的現代城市，居民在地下建立民房、商店，甚至教堂。

棚屋

在世上極為貧窮的地區，人們只能利用手邊的現成材料搭建住家，比如泥土和塑膠布。在許多全球最大的都市周邊，都看得到大量臨時搭蓋的棚屋，形成廣大的貧民窟。

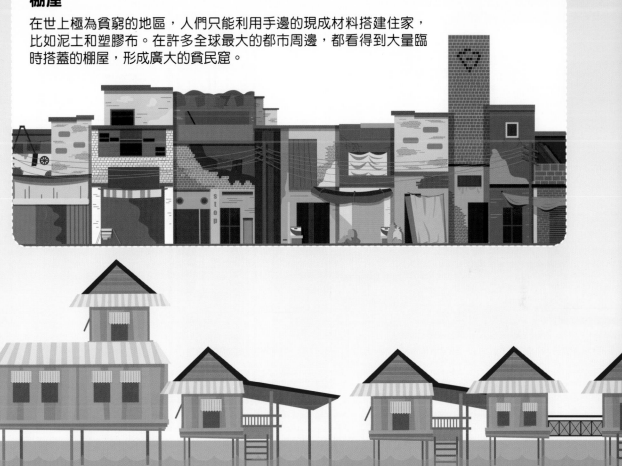

水上人家

在經常發生水災的地區，人們常在水上或河畔建造住家。這兒的房子通常建在很高的樁柱上方，以免被水淹沒。有些人可能會住在建於漂浮平台上的屋子，或改裝成住家的船屋。

摩天大樓

在城鎮或都市中心,為了利用有限空間,建築物都向上發展。但在早期,由於技術限制,建築物無法超過一定高度,不然就會重得難以支撐。

建築架構與幕牆

1880年代,美國建築師開始建造全球第一批的高樓大廈。他們使用鋼梁做為內部架構,外圍覆上以石材、磚塊或玻璃搭建的幕牆。這些牆面必須能夠承載建築物的重量。這些建築物比過去的更加輕盈與堅固,得以朝天際發展。

美國芝加哥的家庭保險大樓建於1884~1885年,是世上第一座摩天建築。它共有10層樓,高達**42公尺**。

安全電梯

電梯的發明,是摩天高樓得以向上發展的另一個重要關鍵。電梯安全又迅速地載運人們上下眾多樓層。1853年,美國工程師伊萊沙·奧提斯發明了設有安全裝置的安全電梯,防止電梯在電纜斷裂時墜落。

現代的摩天大樓

今天，世上的超高建築設有許多功能各有不同的空間，在超過100層的樓面分別設置購物中心、住家公寓、電影院、辦公室和飯店。高樓會面臨強風問題，必須緊閉窗戶，因此需要功能強大的空調設備，為眾多空間提供冷暖氣。安全也是重要考量，摩天大樓都設有特殊的防火系統，好應對發生在離地數百公尺的火災事件。

風與地震

強風吹襲時，摩天大樓會產生抖震，來回搖晃。而在某些地區，建築物必須承受得了地顫與地震。摩天大樓的骨架不是經過強化，得以抵擋各種搖晃幅度，就是裝設構架管束系統，確保建築堅固。

台灣的台北101大樓裡裝了巨大的金屬球體，擺動時能減緩風或地震造成的晃動。

它可以減少高達**40%**的搖晃幅度。

杜拜的哈里發塔是目前全球最高的建築，受風搖晃時，它的擺動幅度可多達

2公尺。

哈里發塔 ------------------

------ 台北101

交通建設

我們得進行大量的工程，才能鋪設長達數百公里的路面和鐵軌，建立運輸旅客前往目的地所需的建物與設施，方便人與貨物在各地往來移動。

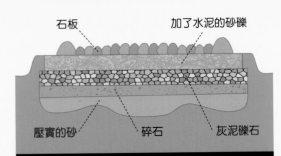

石板　加了水泥的砂礫

壓實的砂　碎石　灰泥礫石

早期道路

早期人類利用動物行走的路徑往來各地。我們在伊拉克的烏爾，找到6,000年前的人造道路，它可能是人類最早建造的道路之一。古羅馬人在羅馬帝國各地建路造橋，高峰時期建了超過85,000公里的道路。他們盡量建造筆直的道路，為了確保路面耐用，都鋪設了多層架構，並且讓路面高於一旁的排水管道。

高速公路與現代道路

現代道路必須能夠承載繁忙的交通，確保小機車到多輪大卡車等各種車輛都能通行無阻。為了應付需求，現今的路面都覆上一層混凝土或瀝青。許多國家在20世紀中期都建造了通往各地的多線道公路。這些公路連接或環繞主要城市，甚至通過城市上方，讓車輛得以高速行駛。

鐵路的擴展

人類在19世紀初，首次用金屬軌道鋪設鐵路。一開始，鐵路是為了運輸貨物和礦產而設計，如今，它能夠以高達數百公里的時速，載著乘客穿越不同大陸。現今的鐵軌搭建在混凝土製的枕木和碎石上方，許多鐵軌上空設有電線，為火車頭提供動力。

把世界各地的鐵軌加起來，
可長達**137萬公里**。
美國擁有世上最長的鐵路網，
全國鐵軌共長
20萬公里。

橋

橋的種類繁多，橋讓道路、鐵路和水道得以越過河谷，甚至海洋。

拱橋
橋的中間有一個以上的拱型結構。

吊橋
兩端設有高塔，撐起中間連結兩座塔的橋面或路板。

桁橋
每塊橋板的兩端各有支撐物。

港埠

船隻橫越海洋後，得停靠在安全、有遮蔽物的港灣，乘客才能下船，並且裝卸貨物。為了容納特定類型的船隻，從小型帆船到巨大的貨櫃船，港埠的水深各不相同。港埠也必須提供安全的保護區，比如利用天然地勢，或建立稱為防波堤的長海堤，防止大浪捲進港內。

機場

國際機場占地廣大，因為巨大的噴射客機降落和起飛都需要長長的跑道，同時必須提供讓飛機滑行和停靠的寬廣區域，以及可容納每年數百萬來往旅客的航站大廈。

未來建築

提到未來建築，建築師和建築人員都面臨眾多挑戰，因為可用來建屋蓋房的土地有限，再加上愈來愈多人渴望更便宜、效能更高的住宅和辦公室，同時還要活用最新的建材與技術，滿足人們的需求。

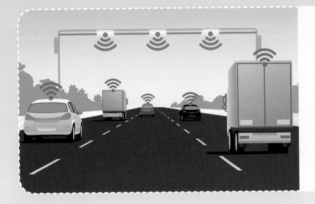

智慧道路

未來的道路會裝設偵測器，可監控交通繁忙程度，提供駕駛人最即時的資訊，也能針對他們的目的地，建議最快速便利的路線。未來道路也可能利用來往的行駛車流來發電。

天空之城

隨著全球人口不斷增加，所需的生活空間也更大，建築師和建築人員不得不創造出更高的高樓大廈。這些未來的摩天大樓會成為高聳入雲的迷你城市，提供住戶生活、工作、消費和娛樂的空間。

未來建材

下一代的建物會使用最新穎的建材，讓建築物比以往更加輕盈堅固，具備更優秀隔熱保暖功能。這些新型建材包括透明的氣凝膠，它比玻璃更輕盈，強度也是玻璃的4倍，比起現今使用的玻璃纖維或泡綿，它具備更強大的隔熱保暖效果。另一種新型建材是內含微生物的自行復原混凝土，這些微生物一變溼就會釋放礦物質，修復所有裂縫。

未來科技

我們可以用巨大的3D印表機建造混凝土牆面，再把它們運送到工地，並且快速組建起來，短時間內就能蓋好許多住宅。在經歷過颱風或地震的災後地區，這種建造技術非常實用。

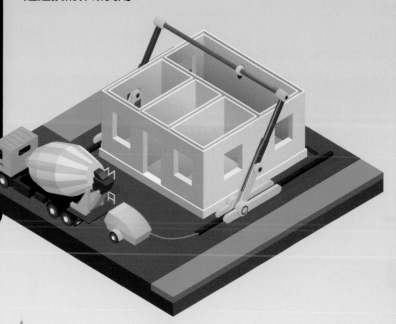

綠建築

建築師已著手研究讓植物在建築上生長的方法，比如在屋頂鋪設草地，在摩天大樓的牆面上種植喬木和灌木。這些植物不只具備隔熱保暖的功能，也會吸收和儲存大量的二氧化碳。

第三章

交通

前往各地

今天，我們可選擇各種交通方式移動到遠近地點，不管是隔壁的城鎮，還是世界的另一端。

陸地

車輪發明後，人類建造了各種車輛，讓長程旅途變得更加便利。輪子旋轉時會降低車輛與地面的摩擦力，加快移動速度與效率。

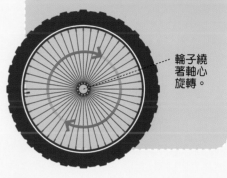

輪子繞著軸心旋轉。

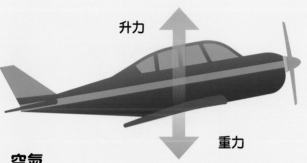

升力

重力

空氣

有了升力，飛機才能飛行。空氣流過機翼上方，會產生往上的升力。熱氣球或飛船等飛行器，則是利用熱空氣（氫氣或氦氣）比周圍空氣密度小等原理浮到空中。

水

船隻因浮力而得以在水面上航行。船下水時會排開一定體積的水，這些水的重量就是船所受到的上推力。只要船的重量小於或等於這股上推力，就能漂浮於水面。如果船的重量大於水的上推力，就會往下沉。潛水艇等特殊船艦會改變浮力，既可以沉到水底也能浮在水面。

水的向上推力

船隻重量

四處移動

很久很久以前，人類不管要去哪裡，都得仰賴雙腿。隨著歲月流逝，人類發明了車輛，得以迅速又便利地移動，也能穿越山脈與河川等大型自然屏障。

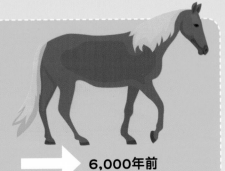

15,000年前 → 6,500年前 → 6,000年前

使用獸力

為了移動，早期人類根據自身所在的地區，馴養了各種不同的動物。人類在15,000年前開始豢養大型犬，訓練牠們拖運小型貨物。在南美，駱馬是非常實用的馱獸，約在6,500年被人馴養。約莫在6,000年前，人類開始騎馬，用馬匹負載行李，拉行早期的貨車。

輪子

人類約在5,500年前發明輪子。過了數百年，人類開始把輪子裝在貨車和馬車上。西元前6~前4世紀，單輪推車首次出現於希臘，這也是一種古老的有輪車輛。

越水而行

隨著人類在地球各處擴展生活空間，很快就遇到無法靠游泳穿越的大型水域。距今約45,000~50,000年前，人類開始建造木筏，用木筏來捕魚、越過湖泊和河川。

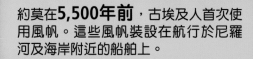

約莫在**5,500年前**，古埃及人首次使用風帆。這些風帆裝設在航行於尼羅河及海岸附近的船舶上。

戎克船

單桅縱帆船

費路卡船

雙桅橫帆船

快速帆船

風帆種類

風帆依據形狀與尺寸分成不同種類，適合裝在不同船隻上。

註：戎克船，一種中式古帆船；費路卡船，地中海常見的三桅斜掛三角帆船。

移動得更快

隨著車輛使用新的能量來發動，行進速度變得更快，也能抵達更遙遠的地方。人們得以在數天之內，穿梭於在各大陸與海洋之間。

蒸氣動力

液態水一沸騰就會變成水蒸氣。當蒸氣被困在汽缸中，水蒸氣的壓力會推擠活塞，活塞上下移動時也帶動輪子轉動。人們一開始用蒸氣引擎抽取礦坑的水，也用它們為工廠提供動力。19世紀上半葉，人們把蒸氣引擎安裝在火車頭，運輸貨物和乘客。

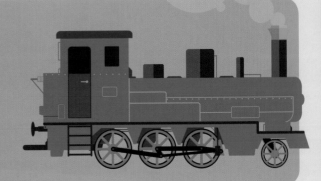

電

最早期的車輛中，有些以電動機提供動力。在19世紀末和20世紀初期，電動車輛很容易運轉，維修也相當方便，隨著電力網慢慢擴張，也能迅速為電池充電。然而，亨利·福特在1908年推出了T型車，讓汽油引擎車輛的價格遠低於電動車，使用汽油引擎的車輛就變得愈來愈多。

內燃

這種引擎在汽缸中混合燃料與空氣，再點燃它們引發爆炸，利用爆炸移動活塞，轉動輪子。在19世紀，許多發明家持續改善內燃機的設計，包括艾蒂安·雷諾、尼古拉斯·奧托、戈特利布·戴姆勒和威廉·邁巴赫。接著在1885年，德國工程師卡爾·賓士在一輛小型客車裡安裝內燃引擎，製造出全球第一輛汽車。

飛向天際

西元前5世紀，中國出現了大型風箏，這可能是人類最早發明的飛行器，用來讓單人飛上天空。

1783年
法國的孟格菲兄弟建造了史上第一座熱氣球，載著乘客飛行了8公里。

1848年
喬治·凱萊建造了一架可乘載一名兒童的三翼滑翔機。

1852年
亨利·吉法爾建造了第一個可操縱方向的載人汽球（飛船），並且首次成功以有機械動力且使用氫氣的飛行器飛上天空。

1891年
奧托·李林塔爾進行了約莫2,000次的滑翔飛行，最終於一場墜機事件中喪生。

1900年
齊柏林飛船是史上第一架硬式飛船，它成功飛上天空。

機械驅動的飛行器

1903年12月17日，在美國北卡羅萊納的小鷹基地，奧維爾·萊特第一次使用重於空氣且由機械驅動的飛行器，成功飛上天空。他在空中停留12秒並飛行了37公尺後安全降落。

世上有各種不同船艦，它們的形狀與大小由任務目的來決定。有只能容納一人的小艇，也有長達數百公尺的巨大貨輪和輸油艦。

水上之城

現代遊輪體型龐大，它們的設計目的是為了滿足乘客長達數週的一切需求。除了乘客艙房之外，還有餐廳、酒吧、劇院、游泳池、賭場、健康溫泉按摩中心和健身房。

沉到水下

潛水艇可以調整浮力，既可以潛入深水，也能升到水面。只要把空氣抽進特製的浮力櫃，潛艇就會因浮力而上升；把空氣抽出浮力櫃，浮力降低，潛艇就會下沉。

氣墊船

氣墊船其實是在水面上飛行，圍裙（上圖綠色結構）下方的空氣形成氣墊，而船體就浮在上方。船身沒有接觸水面，降低了摩擦力，因此氣墊船可輕盈迅速地移動。

現代驅動船隻的方式

現今仍有許多船使用風力作為動力，就連有些大型船艦也是如此。現代船隻使用更有彈性的材質、堅固的嵌板來製造，甚至安裝了轉柱。大型船隻使用巨大的柴油引擎，有時還會進一步安裝燃氣渦輪發動機。近年來，電池效能一再提升，現在有些船隻使用電動引擎，甚至可利用太陽能補充電力。有些船隻上甚至設置了核能發電設備，比如世上最大的幾艘航空母艦，以及專為在充滿冰塊的極區海面航行而設計的破冰船。有些大型潛艇也仰賴核能提供動力，得以長期在深海中執行任務。

海洋交響曲號
是世上最大的遊輪，
足以乘載

9,000名乘客

與工作人員。
船上設有23座遊泳池和
18層甲板。

船體

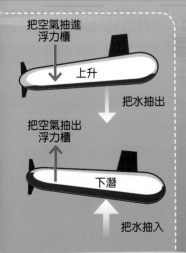

把空氣抽進
浮力櫃

上升

把水抽出

把空氣抽出
浮力櫃

下潛

把水抽入

圓底

帆艇和獨木舟。適合湍急水勢，但可能會傾覆。

多體船

雙體船和三體船。非常迅速而穩定。

平底

划艇和拖船。非常平穩，但不適合在開闊海域航行。

V型

動力艇。非常迅速但需要許多動力才能浮在水面。

龍骨

風大時，龍骨可防止帆船在水面上歪斜。

水翼

讓船浮在水面上，減少摩擦力。

鐵路列車

第一輛鐵路列車於19世紀完工，它仰賴蒸氣動力運轉，這項發明徹底改變人類移動的方式。如今，鐵路列車遠比過去普及，科學家也不斷尋求新的動力來源。

汰換蒸氣動力

20世紀上半葉，鐵路列車工程師發展了取代蒸氣動力的新科技，改變發動列車的方式。有些列車使用柴電馬達。柴油馬達使發電機運轉產生電力，再用電使電動馬達運轉。

電車的電來自列車上方的電力線路，或在鐵軌旁裝設一條平行的通電軌道。這些電驅使電動馬達運轉，促使相連的車輪轉動。氫可能會是未來列車的動力來源，我們可用氫產生電荷，讓列車的電動馬達運轉。

軌道與鐵路

大部分的車軌都由兩條平行的金屬軌道組成，下方由枕木固定，枕木下再鋪設碎石道碴。除此之外，有些列車會使用不同的軌道。

山區和陡峭的斜坡會使用齒軌鐵路。除了兩條外側軌道外，中間還鋪了第三條軌道，它的軌齒與車頭中間的一個輪子密合。齒輪讓列車得以爬上斜坡。

單軌鐵路只有一條車軌，列車跨坐在單一軌道上，或懸吊在單軌下方。車輪壓著車軌轉動，讓車廂前進。

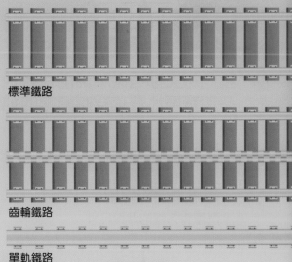

標準鐵路

齒輪鐵路

單軌鐵路

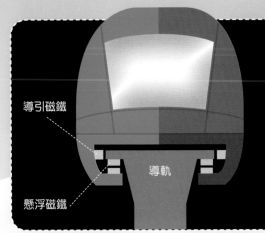

導引磁鐵

導軌

懸浮磁鐵

磁浮列車

磁浮列車飄浮在車軌上方，以同性相斥的磁力把列車往上推，而軌道兩旁的磁鐵則把列車往前推。由於列車飄浮在半空中，因此摩擦力非常小，可以高速行駛。

日本L0系磁浮列車（A07）時速超過

600公里。

超迴路列車

這種交通系統的軌道由一系列巨大密閉圓管組成，位於管道內的列車可以前後移動。這些圓管裡沒有空氣，因此空氣阻力和摩擦力都非常微弱。也就是說，列車可在裡面以高達每小時1,500公里的速度前進呢！

汽車

我們每天都搭乘車輛前往各地，有時也會為了樂趣和娛樂而開車，參加賽車比賽或穿越崎嶇的地形。

各種用途的車輛

汽車有各種形狀與尺寸：

小型家庭用車／經濟車款
專為承載4-5人而設計，設有小巧的引擎和行李空間。

大型家庭用車／中型車款
專為承載4-5人而設計，設有中型引擎和行李空間。

休旅車
運動型多用途車款，通常配備懸吊和四輪傳動系統，可以在崎嶇地面行駛。

多用途車／廂型休旅車
這些車輛設有2-3排座位，可以承載更多乘客和行李。

跑車
這類車輛配備強大引擎，專為高速駕駛而設計，有些跑車只供兩人乘坐。

超級跑車
高性能的奢侈車款，配備極為強大的引擎。

最佳外觀

汽車製造商絞盡腦汁改良設計，盡量讓車體呈現流線造型。他們會在電腦和風洞中試驗車體，觀察車輛經過時，空氣會如何流動。如果車輛造成太多亂流，就會增加一種稱為曳力的阻力，也就是說，汽車得耗費比較多的能量，才能保持行進速度。

車翼和其他裝置

有些車輛裝有車翼和擾流板，以改善周圍的氣流，在高性能跑車與賽車上特別常見。車翼就像倒裝的機翼，機翼創造升力，而車翼產生下壓力，把車子往地面壓，增加抓力和牽引力。

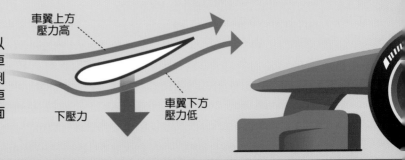

車翼上方壓力高

下壓力

車翼下方壓力低

內燃之後

隨著污染管控的限制愈來愈嚴格，汽油價格也逐漸上漲，汽車製造商著手尋找其他動力來源。

電動車使用電動馬達，有時每個輪子各配備一台馬達。電動車行駛時非常安靜，對環境無害，但車款仍相當有限。

混合動力車輛同時使用內燃引擎和電動馬達。有些混合車以內燃引擎為電池充電，電動馬達再靠電池運轉。

陸地速度

英國戰鬥機飛行員安迪·葛林創下了史上最快的陸地行駛速度紀錄。1997年10月，他駕駛超音速推進號，達成每小時1,227.985公里的世界紀錄。超音速推進號是一輛使用噴射戰鬥機引擎的車款。

世界太陽能車挑戰賽是一場集結澳洲各地太陽能車的賽事，路線從達爾文直到阿得雷德，長達**3,000公里**。

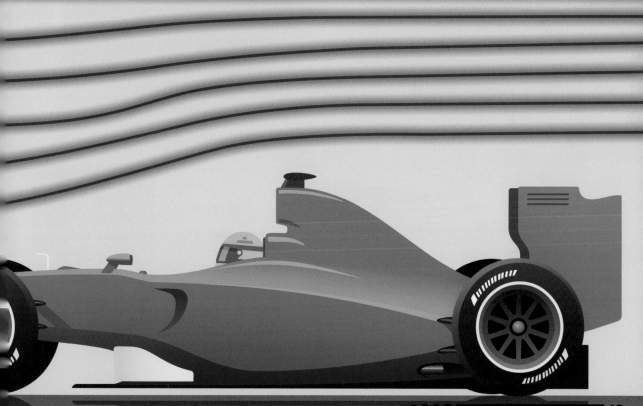

飛行

第二次世界大戰結束後，飛機便不斷進步，以前所未有的速度飛行，突破音障，可飛進大氣層高處，甚至逼近太空。

飛機引擎

飛機引擎的種類繁多，包括：

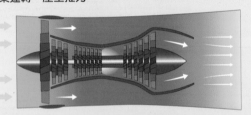

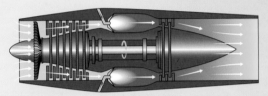

渦輪螺旋槳發動機

簡稱渦槳發動機，它具備一台渦輪噴射引擎，使螺旋槳運轉，產生推力。

渦輪噴射引擎

它把燃料與空氣混合，壓縮混合物後加以點燃，產生一股高溫熱氣，把飛機往前推。

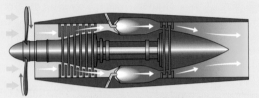

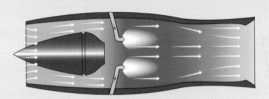

渦輪風扇發動機

簡稱渦扇發動機，引擎前方有個巨大風扇，增加推力。

衝壓噴射發動機

沒有旋轉葉片等零件，只能在高速行進時使用。

飛機種類

飛機的大小形狀各異，每種飛機都為執行特定目的而設計，包括巨大的運輸機、噴射客機，以及只能承載少數乘客的小型私人飛機。

安托諾夫 An-225是史上最大的飛機。它的翼展長達 **88.4公尺**，最大起飛重量高達640公噸。

嶄新的材質與動力

現代飛機採用複合材料和金屬合金等更輕盈也更堅固的材料，得以推出更輕、性能更優越的機型。

為了減少碳排放，航空業正研究如何使用新的燃料和能源為飛機提供動力。我們可用氫發動噴射引擎，有些小型飛機則裝設電動馬達。

2016年，陽光動力號飛行了長達40,000公里，成為史上第一架環遊世界的太陽能飛機。這場旅程分為數個階段，

飛行時間共550個小時。

飛向太空

若飛機能飛到大氣層頂端，在太空邊緣飛行，就可以大幅降低因摩擦而產生的空氣阻力，大大縮短來往各地的飛行時數。這種飛機的時速可高達6,000公里，只要4個小時，就能從倫敦飛抵雪黎。

X-15是一架使用火箭動力的實驗飛機，

時速可達7,000公里，

能在**離地100公里**處飛行。
在這樣的高度，
空氣非常稀薄，
只需要小型的姿態控制推進裝置
即可操縱飛機。

第四章

休閒娛樂

表演場地

隨著時間演進，人們創造了各種休閒娛樂設施，從露天運動場到家庭娛樂系統，一應俱全。

家庭娛樂

除了現場觀賞的表演空間，我們也發明了一系列在家或行進間都能享受的娛樂科技，比如用收音機和電視收聽和收看節目，用遊戲機玩遊戲，用最新型的智慧型手機從網路串流平台播放音樂、觀看電視節目和電影。

表演場地

所有的表演者和運動員都需要場地才能發揮，不管是一塊空曠的空間，還是一座巨大的運動場。演員和音樂家可以在露天場地表演（通常需要使用麥克風，設置增幅器和喇叭），但專為表演而設計的劇院與演奏廳可進一步提升音質，增進視覺與聽覺的體驗。運動空間的種類繁多，從游泳池、踢足球的草皮，到田徑選手需要的賽道等等。這些運動場地都需要座位和各種設施，才能容納有時多達數萬人的觀眾。

增強性能

表演者和運動員可利用各種科技，幫助他們發揮最佳水準。其中包含我們可在現場呈現，或是在事後以數位方式加在錄好的影片或電視節目中的特效。我們也可以善用能模仿和創造各種聲音、音符的樂器，或者使用讓人們跑得很快、跳得更高或游得更遠的運動配備。

登台演出

為了增進娛樂效果,人們設計了各種專用場館,發明各種讓表演更加精采的特效,製作音域和音質大不相同的各種樂器。

古羅馬競技場遺跡

早期的運動場和劇場

早在西元前6世紀,古希臘人就創作劇本,並在舞台上演出。古希臘劇場的舞台位在地面,周圍設有半環型座位區。雅典的戴奧尼索斯劇場足以容納17,000名觀眾。

古人也建造了專供運動賽事使用的運動場,比如羅馬的圓型競技場。它落成於西元前80年,足以容納50,000名觀眾,從屋頂延伸而出的特製帆頂讓許多人免受烈陽暴曬之苦。競技場下方設有容納競技員和動物的空間,地面還可以放水,在觀眾面前呈現海上戰鬥的場面。

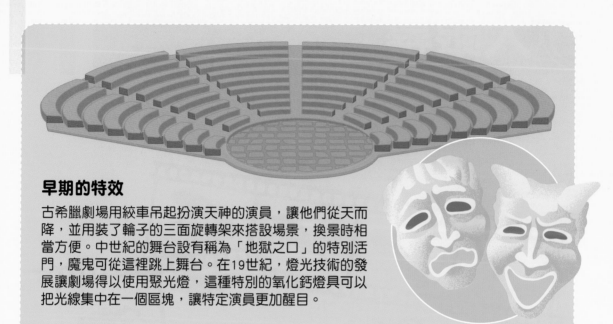

早期的特效

古希臘劇場用絞車吊起扮演天神的演員，讓他們從天而降，並用裝了輪子的三面旋轉架來搭設場景，換景時相當方便。中世紀的舞台設有稱為「地獄之口」的特別活門，魔鬼可從這裡跳上舞台。在19世紀，燈光技術的發展讓劇場得以使用聚光燈，這種特別的氧化鈣燈具可以把光線集中在一個區塊，讓特定演員更加醒目。

樂器

早在數萬年前，人類就以蘆葦和獸骨等自然原料製作最原始的樂器。古人用樂器提供娛樂效果，也會在宗教慶典時演奏。早期樂器包括簡單的琴，用手撥弦或用琴弓拉奏來發出樂音；以及使用不同長度的木塊來發出不同音符的木琴。鐘鈴、鈸、簡易的號角，還有早期的雙簧管和風笛等簧樂器，都是很久以前就有的樂器。

弦樂器

弦樂器利用長度和粗細不一的弦（用金屬或動物腸子製成），發出各種音符。愈細愈緊的弦，振動的頻率愈高，彈出的音也愈高亢。表演者可用指尖調整弦的長度，改變音高。

魯特琴

豎琴

管樂器

這些樂器藉由改變振動氣柱與管道長短（管風琴）來發出不同音符，也可以按壓樂器上的洞口（單簧管），或滑動樂器（伸縮長號）。這類樂器都以木頭或銅來製作。

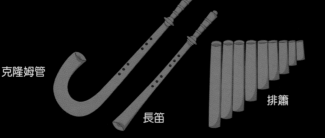

克隆姆管

長笛

排簫

電影在19世紀末問世，帶領人們進入嶄新的娛樂時代。
電影很快就受到世界各地民眾的熱愛。

早期的電影每秒共有

16格底片。
現代電影
每秒則有24格，
甚至高達每秒60格，
錄影帶可高達每秒

300格。

移動的圖像

電影利用快速變換靜止畫面，創造影像移動的假象。1891年，美國發明家湯瑪斯・愛迪生示範操作單視孔觀影機，一次可讓一個人觀看一段短片。4年後，法國的盧米埃兄弟發明了盧米埃電影攝放映機，把移動的圖像放映在一片大布幕上，便能同時讓一群觀眾一起觀賞影片。

有聲電影

人們用留聲機錄下聲音和對話，在影片播放的同時，也播放留聲機，讓電影除了影像也有了音效。1927年上映的《爵士歌王》，是第一部使用同步對話音效的電影。後來人們在底片邊緣的音軌錄製對話，取代了這種作法。

彩色電影

20世紀早期，人們首次發明彩色影像技術。早期的彩色電影是透過人工，在黑白影像上添加色彩，但可以直接捕捉彩色影像的特製賽璐璐底片很快就面世了。然而沖洗照片成本高昂，直到1930年代引入三原色技術，才出現廣受大眾歡迎的彩色電影。早期的彩色電影包括《綠野仙蹤》和《亂世佳人》，這兩部電影都於1939年上映。

嗅覺電影

1950年代，有些電影製作人試圖把嗅覺融入電影作品。他們的作法包括：放映電影時，在電影院的空調系統加入味道，或者，拿「嗅覺電影」的例子來說，從觀眾座位下方，用特殊風扇釋放出30種不同的味道。然而這種技術並不受歡迎，很快就被世人遺忘。

電視問世

1884年，德國工程師保羅·尼普科夫發明了一個影像掃描系統，掃描盤旋轉時會掃描影像，把它分解成可以傳送的線條。1925年，蘇格蘭發明家約翰·羅傑·貝爾德利用這個系統，傳送第一個真正的電視影像——一張人類臉孔。

無線電

1906年12月，在美國麻州勃蘭特石區，加拿大工程師費森登播送了史上第一個廣播音樂節目。播出這場單次節目後，在接下來的15年間，世界各地出現各種定期播放的無線電廣播節目，史上第一個無線廣播電台也在1920年代初期創立。

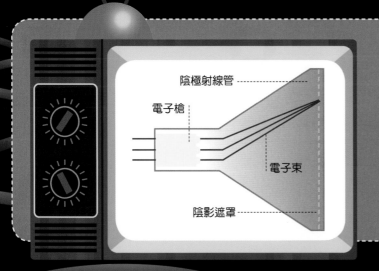

陰極射線電視和一條條射線

早期的電視機裡有一個電子槍，它朝上了塗層的螢幕放射電子束。射線管頸部的偏轉線圈會導引電子束的方向，一條條橫向的電子束射在螢幕上，組成一個影像。

陰極射線管

電子槍

電子束

陰影遮罩

廣播和電視

廣播和電視的科技不斷演進。如今，觀眾和消費者得以享受最新穎先進的發展成果。

數位電台

最初的廣播訊號使用類比信號，把音樂或演說轉換成振幅或頻率不同的無線電波。然而，類比信號很容易受到干擾。相比之下，數位電台使用一系列由0與1組成的訊號，使得傳輸更加容易。數位電台也讓廣播業者可以傳送更豐富的資訊，達到更清晰的音質，聽眾也能收聽到更多電台。

飛在空中的攝影機

不是每台攝影機後面都必須有人掌鏡，現代的廣播業者使用各種可遠距操控的攝影機，比如把攝影機安裝在飛到空中的無人機上，或者在運動場用長電纜把攝影機吊在半空中，捕捉運動賽事最精采的影像。

電視攝影機

現代的電視攝影機使用影像感測微晶片，將光與色彩轉換成電子訊號，再錄製在另一個晶片上。感測晶片把三原色拆解成不同訊號，家庭電視再把這些訊號轉換成各種可見色。

平面電視

現代電視使用LED或LCD顯示器。它們的螢幕和舊式的陰極射線管電視一樣,由成千上萬的紅、綠、藍像素組成。某些像素散發光芒時會產生一個彩色圖形,組合起來就會成為一個圖像。我們可以用LED和LCD製作平面電視,它們比過往的電視機更加輕盈也更省電。

衛星,有線或網路電視

早期的電視節目使用類比無線電波傳輸。如今,大部分的電視頻道都用數位訊號傳輸,可以傳送高畫質的影像,電視台的數量也隨之增加。電視節目傳送到家戶的方式也改變了。原本,我們必須裝設一個連接電視的天線來收看節目;如今,電視訊號可透過衛星、纜線傳送,也可以用網路傳輸。

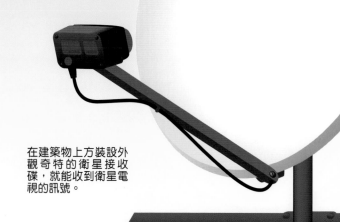

在建築物上方裝設外觀奇特的衛星接收碟,就能收到衛星電視的訊號。

現代電影運用了各種令人目不轉睛的特效與技術,讓
觀眾不會中途離開電影院。

3D電影

只要把兩張有略微差異的照片相疊,
就能創造出三維影像。我們戴上特製
眼鏡觀看這種影像時,左眼和右眼各看
到不同的圖像。這時大腦會結合雙眼接收
到的訊息,創造出一個假像,讓我們覺得看到
立體的畫面。這也稱為立體視覺。

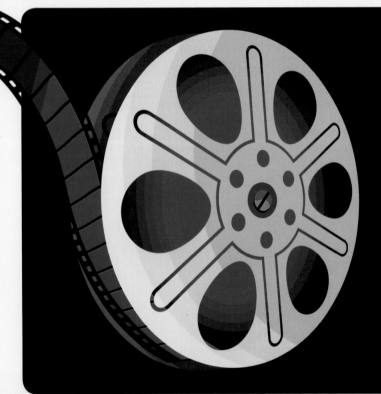

數位電影

傳統電影使用的底片是長
達數卷的35釐米膠片。就像
傳統底片攝影一樣,這些膠
卷一旦感光,就會記綠下影
像。要看底片錄下的內容,
必須將底片通過投影機,讓
光穿過每個影像,再將影像
投射在銀幕上。

現代電影通常以數位形式
錄製。不同於以往用底片記
錄影像,現在我們用感光微
晶片,把影像轉換成數位資
料,再投射到銀幕上。

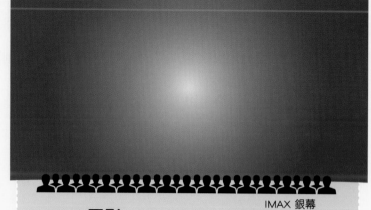

IMAX 銀幕

IMAX電影

IMAX電影院設置了高達30公尺的巨大銀幕——相當於8層樓高！IMAX電影使用的是比傳統膠片大上10倍的膠片，提供觀眾更逼真、身歷其境的視覺體驗。

一般使用35釐米膠片拍攝的電影銀幕

特效

現代電影製作公司使用各種技術創造特殊效果，比如電腦動畫；觀眾所看到的畫面其實是用數位模型創造，再經過電腦處理變成動態影像。

為了增加精確度，有時演員會穿著有許多圓點的特製套裝，做出各種動作。後製團隊利用衣服上的小點位置，讓動畫人物的動作更加逼真。

此外，電腦也可以掃描實體模型，創造出極為逼真的精細畫面，呈現在電影中。除此之外，也可以使用機械人偶製造特效，操偶師會親自操縱或從遠端控制機械人偶；也可以使用煙火製造術，呈現小型和大型爆炸場景。

音樂

我們可以彈奏傳統樂器，也可以利用數位電腦科技創作音樂。你可以用最新的裝置享受音樂，只要一個按鍵，就聽得見來自全球各地的音樂。

拾音器

電子樂器

傳統的吉他藉由弦的振動產生不同音符。弦的振動讓共鳴箱內的空氣跟著振動，放大音量。電吉他沒有共鳴箱，但琴身有數個稱為拾音器的小型磁性裝置。電吉他弦在拾音器創造的磁場裡振動，產生一道弱電流，把訊號傳送到相連的擴大器，就會轉變成聲音與各種音符。

合成器可操縱現有的聲波，也能自行創造出全新的聲音，因此合成器幾乎可產生任何的聲音。接著我們再用鍵盤彈奏出不同音高的音符。

鼓聲音源機也稱為鼓機，它們既能創造新的合成音效，也可以播放事先錄好的聲音，供樂手在演奏時播放。鼓聲音源器除了有傳統的爵士鼓或敲擊樂器的聲音，也可由音樂家創造全新音效。

數位播放器

早期的音樂播放機透過各種媒介重現樂曲，比如蠟筒、黑膠唱片、磁帶和光碟。如今，大部分的音樂都是數位錄製，儲存在足以容納成千上萬首歌曲的數位音樂播放器中。除此之外，智慧型手機也能使用音樂播放應用軟體，經由網路從串流網站接收音樂，不用下載即可透過喇叭或耳機播放。

控制你的聲音

錄製音樂時，音樂製作人可調整歌手唱出的音符。Autotune是一款校正音高的軟體，除了可以調校歌聲，確保音高正確，也能在樂曲中加上電子音效。

降噪

特製的降噪耳機會隔絕來自外界的噪音，讓聽者沉浸於音樂之中，但也可以不播放音樂，享受寂靜。降噪耳機裝有小型麥克風，能捕捉外界噪音，再創造與外界聲音相反的聲波。兩種聲波抵銷彼此，只留下寂靜。

電動遊戲

史上第一個家用電動遊戲在1970年代問市。自此以後，遊戲的消費市場爆發性成長，成為最受大眾歡迎的休閒娛樂之一。

處理能力

科技日新月異，差不多每隔2年，微晶片上的處理器數目就會加倍。隨著時間流逝，電子裝置的功能與運算能力不斷躍進，遊戲機也是如此。早期的遊戲機只能呈現簡單的8位元圖像，現代遊戲機可以處理高解析度的畫面和音效。

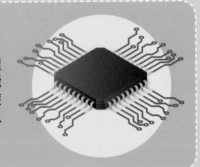

控制遊戲

玩家可透過非常多的途徑來控制遊戲中的行動與事件，比如搖桿、控制板上的按鈕和鍵盤。

有些遊戲系統利用遊戲操縱器裡的運動偵側裝置，將玩家的肢體動作變成指令。有些遊戲完全不用操縱器，以攝影機偵測玩家的動作和手勢。

1962年製作的
《太空戰爭！》
是史上最早的
電腦遊戲之一。
玩家操縱繞著行星的
太空船，攻擊敵人。

現在，我們可以用聲音控制某些機器，把聲音轉化為指令。有些遊戲機藉由分析玩家臉孔的數個小區塊，辨識玩家身分，並在數位世界創造玩家的虛擬化身。

虛擬實境

虛擬實境是沉浸式的數位體驗。它在數位世界中重現現實世界，或者創造全新世界，讓玩家感到身歷其境。

玩家戴上特製耳機和眼罩，眼罩裡裝有投射影像的螢幕，而耳機則播放環繞式音效。玩家也可能會戴手套，用手勢控制遊戲走向，甚至穿上裝設動作偵測器的全身套裝，舉手投足都會重現在遊戲之中，玩家甚至可以觸摸和感受遊戲中的物體。

外科醫生為病人進行手術前，可利用**虛擬實境**來測試與練習。

行動遊戲

現在，消費者可輕鬆購買功能強大的智慧型手機，不管身在何處，隨時隨地都能玩上一場遊戲。手機的遊戲應用軟體包括單純的數字謎題，到使用複雜圖像的進階冒險遊戲。此外，雲端遊戲讓行動遊戲更加普及，雲端遊戲指的是玩家不用下載整個遊戲到裝置中，直接連上網路就能玩的遊戲。

運動

現代運動使用最新科技提升選手表現，幫助裁判判斷，維護參賽者的安全，試圖讓所有人都能盡情享受賽事。

鷹眼系統

這種系統會在運動場各處安裝6個以上的攝影機，比賽進行時，它們會追蹤球的移動軌跡。攝影機把錄到的影像傳到電腦，電腦再用這些資訊確認球的位置，預測球的走向和落點。 板球、網球和足球，都使用鷹眼系統幫助官方判決。

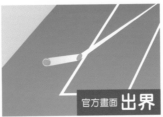
官方畫面 **出界**

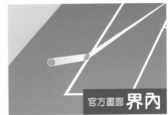
官方畫面 **界內**

嶄新的材質

運動員能透過當前最新穎的材質，讓表現更上一層樓。這些材質包括耐用的塑膠與複合材料，讓運動器材不只更堅固耐用，也更加輕巧；萊卡和氯丁烯橡膠等彈性超強的材質，可以製作出貼身的服裝，減少運動員跑步和游泳時，空氣與水所產生的阻力。

賽車使用複合材料，製造符合空氣動力學的底板和車身形狀，讓車子既輕盈又穩固。賽車手也身穿數層耐燃的服裝，萬一發生碰撞引發火災時，可以保障他們的安全。

現代運動場地

現代運動場館和運動空間都使用最新的塑膠和建材，從屋頂到座位都是如此，就連草皮也不例外。許多運動項目在人造草皮或混植草皮上進行，混植草皮既有天然草，也有人造纖維，讓草皮更加耐用。諸如網球等許多運動在不同的地面上進行，除了可以在草地和紅土球場進行比賽，也可以在壓克力製的硬地球場進行比賽。

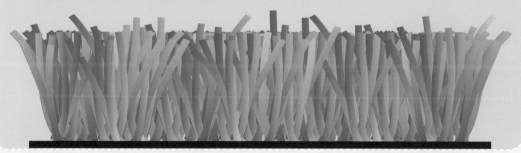

運動義肢

幾乎所有運動都有專用的人造義肢，比如賽跑選手的碳纖維製跑步用刀形義肢，模仿人體肌肉與韌帶而設計，也有可以穿戴雪橇、滑雪板，甚至是水橇、滑水板的義肢。

第五章

資訊科技

傳輸資訊

現在人們能藉由各種管道傳遞訊息，像是從面對面的談話，寄電子郵件，透過衛星與地球另一端的人對話等等。

手寫文字

截至2021年1月，網路上共有超過

18億個網站。

史上第一個網站是 info.cern.ch，由瑞士的歐洲量子物理實驗室所創，於1991年8月6日問世。

傳送訊號

多年來，人類發展出各種傳送訊息和資訊的方法。以往，人們得託付信使傳送手寫訊息，或者使用聲音和煙霧從遠處傳遞暗號。近年來，人們利用電子訊號，只要一眨眼的時間，就能把訊息傳到遙遠的地方；隨著網路與無線通訊的普及，人與人的溝通途徑也愈來愈多，比如電子郵件、手機通話和視訊會議。

編碼文字

嗨！

嘿！

口說文字

充滿數據的世界

在過去，我們需要建造龐大的建築和圖書館，才能存放記錄各種數據的大量文件。如今，數百萬的書頁與文件都能以數位形式儲存，不管你身在何處，都能透過網路獲取資訊。

電腦能儲存大量資料，輕輕鬆鬆就能讀取。

電子文字

科學家認為,早期的人類約在300,000年前首次用言語溝通。
言語讓人們得以分享資訊,將知識傳給後代。

刻在泥板上的楔形符號。

書寫文字

雖然言語是傳遞資訊的好方法,但聽者必須把這些資訊記住才行。用世人都能看懂的文字寫下來,我們就能記下更多資訊,也能把這些資訊傳遞給更多人,包括離我們非常遙遠的人。

最早的書寫文字系統約莫出現在6,000年前。現今所知最早的書寫系統之一,來自位於現今伊朗和伊拉克一帶的古蘇美文明。約在西元前3300年,那兒的人便發展出一系列的楔形符號。

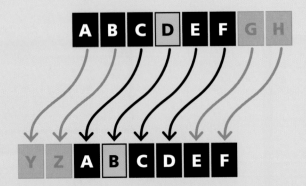

解碼

有些訊息藏著秘密資訊。為了避免資訊落入敵手,人們開始使用特別密碼和語言來傳訊。凱撒加密法就是一種編碼方法,古羅馬凱撒大帝用它來傳遞軍事訊息。這套編碼將每個字母都代換成字母表中一定間隔的另一個字母。

傳遞訊息

放眼早期歷史，人們仰賴信使將訊息親自傳遞到收信者手中。西元前490年，希臘信使菲迪皮德斯從馬拉松一路跑到雅典，好將希臘在馬拉松戰役中打敗波斯的好消息傳回雅典，兩地相距約40公里。雖然他成功傳回消息，卻也因為精疲力竭而喪命。

很久以後，美國在西元1860年成立驛馬快信系統。信使趕路時會一直更換馬匹，只要10天就能橫跨北美洲，把信件送到大陸另一端。但驛馬快信系統沒有維持太久，因為一年後就出現了洲際電報系統。

馬拉松賽跑就是為了紀念菲迪皮德斯的長途跋涉。

史上第一台印刷機

印刷資訊的能力讓我們不用再仰賴人工手寫複製文字，並且能讓更多人看到同一個資訊。最早的印刷技術可追溯到西元前4世紀，當時的人使用黏土塊印刷文字。

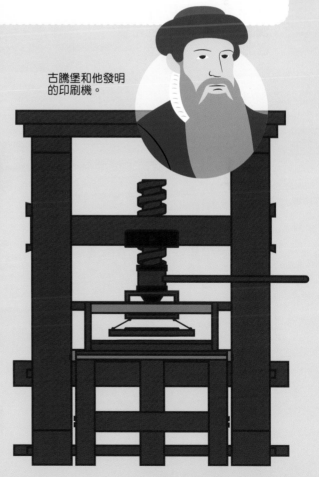

古騰堡和他發明的印刷機。

西元200年左右，中國發明了木塊印刷術，把訊息印在紙上。

約在1040年，中國人為每個字製作獨立方塊，並且自由排列後再印刷。一開始，人們使用陶瓷或木頭製作文字方塊，後來在1215年左右，人們開始用金屬製作文字方塊。

約莫在1450年，德國金飾工匠約翰尼斯・古騰堡製造了第一台使用活動金屬字母方塊的印刷機，改革了歐洲的印刷技術，人們很快就開始印製各種書籍與文件。

遠距溝通

不管在戰爭或和平時期，我們都需要快速的長途溝通途徑。至今人們仍使用一些古老的溝通方式。

峰火

人類在數千年前就會利用峰火傳達簡單的訊號，比如用峰火警告敵軍逼近。人們在高塔上按順序燃起峰火，或者在一個可被清楚看見的山丘或山區頂端點火。守望者會留意附近的守望塔。一看到某個守望塔點燃峰火，就會點燃自己守望塔上的峰火，一路將訊息往下傳遞。古希臘人稱此為phryctoriae，而中國長城也有一套用火遠距傳送訊息的系統。

蒙古領袖**成吉思汗**用信鴿將訊息傳到廣闊的帝國各地。

軍事傳訊

戰場的吵雜、煙霧和種種慌亂狀況，都會讓人難以好好傳送訊號，因此，歷史上的軍事家使用各種方式，確保他們的命令能妥善傳達到各個單位。比如利用號角手和鼓手演奏出不同的音調或節奏，來傳達不同指令。

海軍艦隊在海上使用一系列的信號旗或旗號傳訊，也就是以特定方式揮舞旗幟，拼出一個個單字。

信號塔

1794年，法國工程師克勞德・沙佩發明了一套類似旗號的視覺電報系統。這套系統的特色是用許多高塔組成聯絡網，每個塔都相距8~16公里。每個塔的塔頂都裝兩個上了絞鏈的長臂，並且按特定模式移動長臂，就能拼出字詞和訊息。這套系統可在數小時內就把訊息傳遍法國。

電子訊號

電報發明於1830年代，它藉由各電報站之間的電線傳送電子訊號，即使電報站之間相隔數千公里也無妨。第一個橫跨大西洋，連接北美洲和歐洲的電報纜線，在1866年安置於海底。

摩斯密碼

塞繆爾・摩斯是電報的發明人之一，他還發明了一種可以用來傳遞電報的特殊語言，也就是摩斯密碼，以點（.）和橫線（-）組成不同字母。

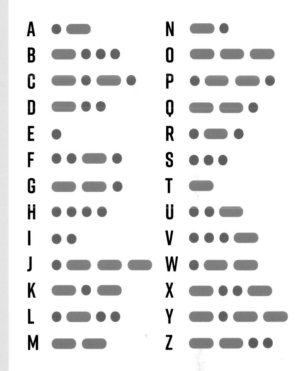

1844年，

塞繆爾・摩斯首次從**華盛頓特區**，把電報傳到

美國馬里蘭州的巴爾的摩。

電話

電話是史上最成功的發明之一。如今，地球上的行動電話數量已經比全球人口還多。

發明

1870年代，蘇格蘭發明家亞歷山大‧貝爾研究如何把人聲振動轉換成各種電子訊號。這些訊號可經由電線傳到一個接收器，接收器再將電子訊號變回聲音。就在這個時候，另一名發明家伊萊沙‧葛雷則正試著發明電話。這兩位發明家都在1876年2月14日這一天送出專利申請，最後是貝爾獲得專利。

電話的演進

隨著時間流逝，電話的形狀和大小都有了劇烈變化，但主要零件仍大同小異。史上第一台電話非常大，裡頭裝了響鈴、電池，和一個用來呼喚接線員的搖動把手。打電話的人將喇叭型的接收器放在耳邊，並對著電話前方的傳輸器說話。

1876

1878

1927年，美國電話與電報公司引進了一台新電話，它的聽筒既有傳輸器也有接收器。不久後，有線電話不再需要電池，改由電話線提供電力；等到無線電話出現後，電池又回到了聽筒裡。

2000年代

1990年代

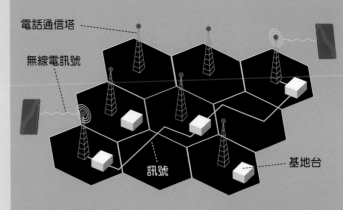

電話通信塔

無線電訊號

訊號

基地台

發明

最早期的電話使用電話線，所有的電話線都連接到一個通話中心，也稱為交換局，裡面的接線生會手動接通每部電話。1889年，自動電子轉接器問世。長途電話需要複雜的增幅系統來強化訊號，才能傳送到數千公里外的地方。自1950年代後期開始，人們使用無線電波，藉由繞行地球的衛星轉傳訊號，這麼一來就可以將訊號送達世界各地。

行動自如

現代的行動電話和智慧型手機不需要電話線就能通話。它們把人聲轉成數位訊號，再透過天線傳出去。附近的通信塔收到這些訊號後會傳到基地台，再送往目的地。打電話給另一支手機時，數位訊號會傳到最近的通信塔，再朝接收者的手機發射。

1919

1927

1964

旋轉撥號盤在1890年代問世，發話人可以自行撥號，無需再經由接線生接通。1960年代，按鍵電話取代了旋轉盤。

1975

1968

訊號傳輸

我們可透過金屬線或玻璃管組成的網絡傳輸訊號和資訊，也能利用電磁能的脈衝進行無線傳輸。

銅線

自從電報發明後，人們就使用銅線發送帶有訊息內容的電子訊號。雖然銅線可連接發話者和接收者兩端（就像電話），但如果通話兩端相隔的距離遙遠，訊號品質可能會變差。

光纖

光纖電纜的核心由柔韌的玻璃纖維組成。光在每條電纜的內牆跳躍，隨著玻璃纖維前行。光以非常快的脈衝行進，把訊號分解成二元碼，接收器再把這些二元碼轉譯成訊息。與銅線不同的是，光纖電纜傳輸的訊息品質不會變差。而且光纖束比銅線細得多，所以一條電纜可容納更多的光纖束。

電纜裡有許多集合成束的光纖。

使用不同材質來保護玻璃纖維。

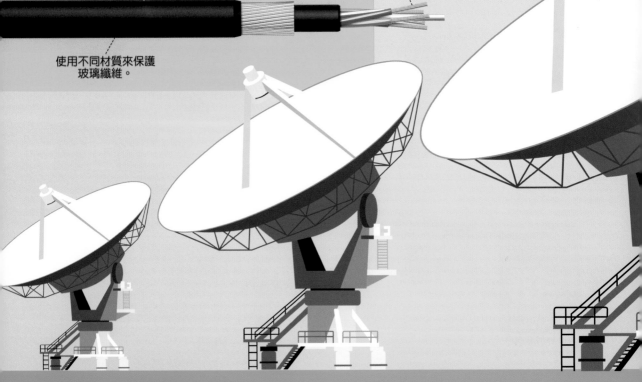

視線以內

微波的波長比無線電波短許多。因此,微波只能在視線所及之內的發送器和接收器之間傳輸。

無線電波

我們可利用頻率(調頻)或振幅(調幅)來改變無線電波,也能透過這些變化傳遞訊息。今天,這些訊號都編碼成一系列的數位數字,接收器收到後再轉換成資訊或廣播、電視節目。

有些無線電波也可以藉由電離層來反射或彎折。電離層位在大氣層很高的地方,我們可以利用電離層把訊息傳到地球各地。

我們可以用無線電波,把訊息傳到太空。從地球向火星上的無人探測車傳送訊息,

需要20分鐘

才會抵達。

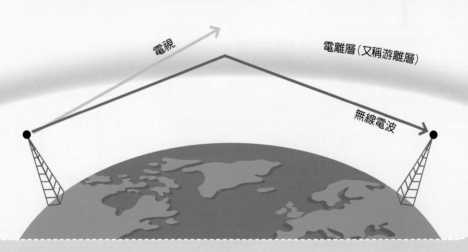

電視

電離層(又稱游離層)

無線電波

天文學家利用盤狀的巨大電波望遠鏡,收集從恆星和星系等遠方天體傳來的無線電波。

一開始，電腦是占了一整個房間的巨大機器。如今，你可以單手拿起一台電腦，而且它們的運算速度和功能都比過去強大數千倍。

巴貝奇與洛芙蕾絲

世人把史上第一台數位電腦的發明歸功於英國數學家查爾斯·巴貝奇（1791~1871）。他使用由許多齒輪組成的網狀系統，設計出可以進行各種運算的全自動數位電腦：巴貝奇分析機。這台機器分成四個主要部分：「碾磨機」是計算中心（就像現代電腦的中央處理器）；「儲存區」存有至今使用過的所有數據；「讀取機」是輸入裝置，「印刷機」是輸出裝置。

巴貝奇的讀取機使用打洞卡系統來輸入資訊。愛達·洛芙蕾絲（1815~1852）制定了運算數學問題的初始編碼，成為史上第一位電腦程式設計師。

處理

中央處理器（簡稱CPU）是電腦裡的一個微晶片，它會處理各種資訊。

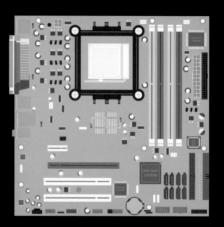

輸入

這指的是把資訊送入電腦的過程。現代電腦使用鍵盤、滑鼠，或任何觸控式螢幕輸入資訊。

儲存

電腦裝了可以寫入、儲存資訊的硬碟。

輸出

這指的是可以與你互動的電腦裝置，包括呈現文字與圖像的螢幕或顯示器，產生實體文件的印表機，可以播放各種聲音的喇叭。

在日本建造的富岳超級電腦是史上最強大的電腦之一，運算速度高達每秒

448千兆次。

千兆次是電腦處理速度的計算單位。
一個千兆次相當於每秒進行1千兆次（10^{15}）的浮點運算。

硬體

電腦硬體指的是電腦的堅固實體零件，比如硬碟、中央處理器、顯示器和鍵盤。

軟體

電腦軟體指的是給電腦的命令與指令。包括控制電腦一般功能的作業系統，讓電腦執行特定任務的程式，比如文字處理程式或遊戲程式。

電腦喇叭

網際網路

網際網路把許多電腦連接在一起。這個遍及全球的網絡,能讓電腦藉由全球資訊網發送與接收資訊。

請求和網路位址

如果你想從網路上獲取資訊,你可以用電腦向儲存資訊的地方送出請求。這個地方稱為網頁伺服器。你的電腦與網頁伺服器各有一個網路位址,這是讓電腦辨認彼此的特殊代碼。

你的請求會從路由器傳出,經過交換器,最後抵達正確目的地,不管是到路的另一頭,還是世界的另一端。

組成封包

你的請求抵達網頁伺服器後,它會取得你想要的資訊,不管是一個網站、一張照片,還是一部電影,接著把這些資訊傳回你的電腦。這些資訊可能會拆解成不同部分,也就是所謂的封包,每個封包含都有一部分的資訊,也存有如何結合所有封包的指令。接著,每個封包循不同途徑傳回,經由路由器和交換器,最終抵達你的電腦,你的電腦會把所有封包結合在一起,呈現你所請求的資訊。這整個過程不到1秒鐘。

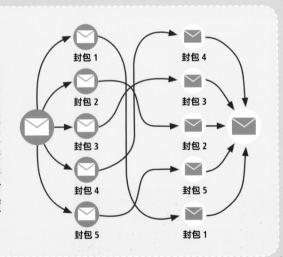

封包 1　　　封包 4
封包 2　　　封包 3
封包 3　　　封包 2
封包 4　　　封包 5
封包 5　　　封包 1

網際網路的誕生

美國國防部於1960年代著手發展網路，為的是能讓不同技術部門的電腦分享數據、傳輸訊息。這個ARPANET網路（全名是高等研究計畫署電腦網路），建立了今日電腦在網路上彼此聯絡的標準，比如封包交換，以及名為TCP/IP的傳輸控制協定和網際網路協定。

1990年，英國電腦科學家提姆·柏內茲－李發展出一種讀取網站的途徑，可說是我們現在每天都使用的全球通訊網的前身。

在2021年1月，全球約有多達

46.6億的網路使用者，

約占全球人口的**60%**。這些使用者中，將近93%都不是使用桌上型電腦，而是透過手機等行動裝置連上網路。

無線網路（WiFi）

許多現代電腦和其他智慧型裝置，不需要透過線路就能彼此通訊。它們透過無線電波頻率和WiFi網路來連接。

智慧裝置

現今的電腦處理器，也就是許多裝置裡的微晶片，都會收集你的行為資訊。這些裝置包括手錶、冰箱和家裡的智慧型聲控喇叭，就連某些衣物也會。

物聯網

連接這些裝置的網際網路稱為物聯網。各種物件都裝設了感測器，除了收集裝置本身的資料外，也會收集周圍的相關資訊，並把這些資訊傳給操作人員和中央伺服器，進行研究分析。

穿戴式科技

裝了感測器和發送器，可以把資料上傳網路的衣物和智慧型手錶，都屬於穿戴式科技。它們會收集並顯示一連串的資訊，包括運動員的表現，他們的身體對練習的反應，也能傳給你各種有用資訊，比如根據你的所在位置，告訴你當地景點和購物折扣。

燈光控制系統

能源管理

智慧型空調

保全系統

智慧型
門鎖

會說話的車

許多現代汽車都裝有微晶片，除了偵測車輛表現外，也會告訴車主何時需要維修或哪兒出了問題。這些數據會經由無線網路傳送，技術人員也可以用電腦連上汽車系統。有些汽車甚至設有偵測交通流量的感測器，不需要人就能自動行駛。

智慧型恆溫器

智慧型衛浴裝置，包括燈光與喇叭調控

在2012年，共有超過85億的裝置與物聯網相連，此數目在2020年增長到**500億**。

車庫門開關器

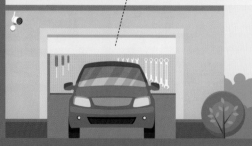

第六章

科學與科技

測量

測量與記錄各種數值都屬於科學研究的一環。隨著時代演進，這種精確記錄的需求，推進了許多科技工具的發展。

測量方向

將近2,000年前，住在中國的人們把天然磁石磨成湯匙形狀，製成羅盤。天然磁石是有磁性的鐵石，會指向南方。後來，人們用鐵針取代天然磁石。約莫在11~12世紀，出現了第一個可用來導航的指南針。

指南針分成東、南、西、北四點，並劃分成360度。

測量壓力

1643年，義大利發明家埃萬傑利斯塔·托里切利曾經擔任伽利略的助手。他記錄水銀管中的水銀在一段時間內的高度變化，發現水銀高度會隨天氣而改變。他推測，天氣變化會產生不同氣壓，我們可透過水銀管加以記錄。
這就是史上第一個氣壓計。

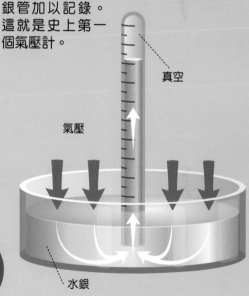

真空

氣壓

水銀

現代溫度計可以偵測來自人體的紅外線，隔空測量人們的體溫。

37°

測量溫度

1714年，波蘭玻璃匠加布里爾·華倫海特製作出極薄的玻璃管，並在裡面裝了水銀。當玻璃管周遭的溫度改變，裡面的水銀就會跟著延展或收縮，在管中上下移動。華倫海特製造了史上第一個水銀溫度計，也設計了量測溫度的刻度，即現今所知的華氏溫度計。

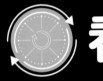

看見一切

科學家不斷尋找各種方法來研究和呈現不可見物體，不管是微觀粒子、數百萬公里外的行星，還是我們身體內的各種器官。

顯微鏡

最早的光學顯微鏡，由一群荷蘭鏡片製作師（漢斯・詹森、札卡利亞斯・詹森和漢斯・李普希）於1590年代發明。這些原始的顯微鏡利用接物鏡收集來自樣本的光線，也設有接目鏡。1660年代，英國科學家羅伯特・虎克使用顯微鏡研究許多微小物體。荷蘭科學家安東尼・馮・雷文霍克則使用單式顯微鏡進行研究，成為第一個研究和介紹細菌與原蟲的人。

顯微鏡如何運作

光學顯微鏡的運作原理，是讓光穿過樣本後轉向，也就是形成折射，光線穿過物鏡後就會創造一個比樣本大的影像。後來人們加裝了更多鏡片，集中光線，產生更清晰的影像。

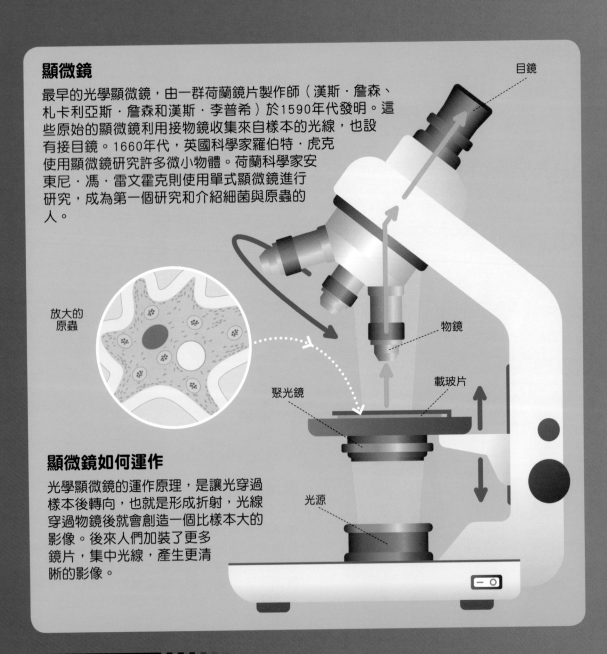

目鏡

物鏡

載玻片

聚光鏡

光源

放大的原蟲

望遠鏡

一般認為，漢斯‧李普希在1608年注意到有些孩子在他店裡把玩鏡片時，讓遠處的風向標看起來變大了，因而發明出望遠鏡。義大利科學家伽利略在1609年製作了另一種望遠鏡，用它研究月球上的山脈與坑洞、土星環和木星最大的4顆衛星。

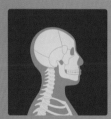
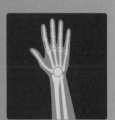
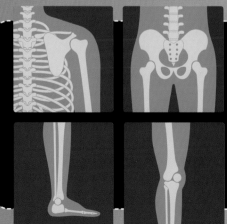

反射與折射

光學望遠鏡藉由鏡片折射或鏡子反射，來放大遠方物體的影像。

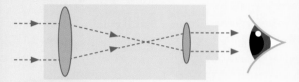

折射望遠鏡

這種望遠鏡使用一面大鏡片收集來自遠方物體的光線，利用屈光成像的原理，把光線傳到望遠鏡長管的另一端，再藉由目鏡中的鏡片對焦。

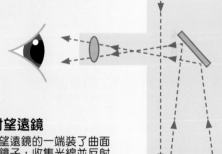

反射望遠鏡

反射望遠鏡的一端裝了曲面的大鏡子，收集光線並反射到望遠鏡內部，另一面鏡子再將影像反射到目鏡。

人體內部

1895年，德國科學家威廉‧倫琴發現了一種奇特的放射線，他將它命名為X光。進行更多研究後，他發現X光會穿過人體的皮膚和肌肉等軟組織，但會被骨頭等硬組織吸收。今天，我們只要使用X光，無需動手術就能看到人體內部的影像。

測量時間

時間測量正是人類所需要做的最重要測量之一。放眼歷史,我們曾透過各種方式計算時間,比如觀測太陽和水,如今我們使用的是非常精確的時鐘。

水與沙

一開始,人類使用各種工具來計量時間,包括利用影子移動來記錄時間的日晷,讓沙子流過窄頸容器的沙漏,以及利用水滴穿洞來計時的水鐘。但直到時鐘問世,人們才能精準地計算時間。

天然時鐘

很久以前,人類藉由天上太陽、月亮和星星的移動和四季變換來計算時間。這讓人們發展出年(地球繞太陽公轉一周的時間)、月(一個完整的月亮週期)、日夜(地球自轉一周的時間)和小時(把白天夜晚各分成12等分)的觀念。

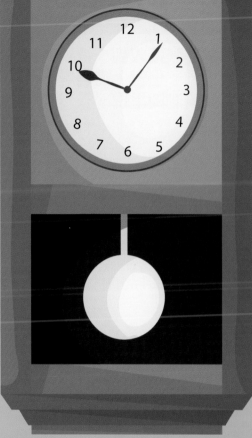

18世紀末
發生了法國大革命，
法國政府引進了
時間的公制量度系統，
把一天分為**10小時**，
每小時有**100分鐘**，
每分鐘有**100秒**。
但這個系統只維持了
16個月。

機械鐘

最早的機械鐘出現在13世紀，通常裝設在禮拜堂或大教堂，讓信眾得以按時間進行祈禱與儀式。到了16世紀末期，時鐘可以呈現分鐘甚至秒數。

有些古老的時鐘裝了沉重的鐘擺，用擺動次數來計算時間。

哈里森的航海計時器

18世紀，水手可以用星盤測量星星的位置，藉此得知船隻位在多北邊或多南邊（緯度）。然而，他們沒辦法知道船隻多靠東或多靠西（經度）。因此水手需要非常精確的時鐘才能從時間計算經度，而且不管環境多麼險惡，時鐘都必須準確運作。英國發明家約翰·哈里森發明了航海鐘，橫跨大西洋的航行誤差時間也只有幾秒鐘。

哈里森因為發明了精確的航海鐘，而獲得英國政府頒發的20,000英鎊獎金，這在當時可是一大筆錢呢！

看見世界

我們的雙眼接收到一種稱為可見光的能量，讓我們得以看到周圍的世界。但世上還有許多我們雙眼看不到的能量，需要特別儀器來偵測與呈現。

電磁波譜

在電磁波譜中，可見光只占了一小部分。電磁波譜的一端是低能量、長波長的無線電波，另一端則是高能量、波長非常短的伽馬射線。

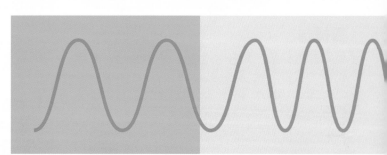

無線電波　　　　　　　　　微波

長波長

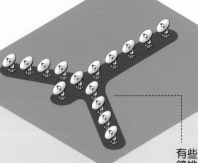

有些電波望遠鏡排列成群，形成陣列，將接收到的無線電波組成更精細的影像。

電波望遠鏡

無線電波能穿透大氣層，我們利用盤狀的電波望遠鏡就能感測無線電波。以天文學而言，這些無線電波來自有能量的物體，比如脈衝星或電波星系。我們也可以用電波望遠鏡偵測宇宙微波背景輻射，這是大霹靂所遺留下的輻射痕跡。

電子顯微鏡

光學顯微鏡利用可見光呈現微小物體的特寫影像，電子顯微鏡則透過極小的電子來呈現極為微小的物體影像。高電壓的陰極產生一束電子，利用電磁線圈讓電子束集中在物體上。電子束穿過物體，投射在螢幕上，呈現物體的影像。

偵測紅外線

溫暖的物體（比如活生物）都會發散出紅外線。紅外線偵測器可偵測人體散發的熱氣，也可以用來感測你家中的隔熱保溫設施的效能。

紅外線

紫外線　　　　X光　　　　伽馬射線

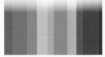

可見光
我們只看得到整個電磁波譜中的一小部分。

短波長

看到人體內部

除了X光，醫生還會用其他能量形式，產生人體內部的影像，瞭解你的體內發生了什麼事。磁振造影（MRI）利用強大磁場和射頻電流產生影像，射頻電流會讓人體內的粒子（質子）振動。掃描機的感測器偵測到這些振動所產生的能量，呈現你體內的影像。

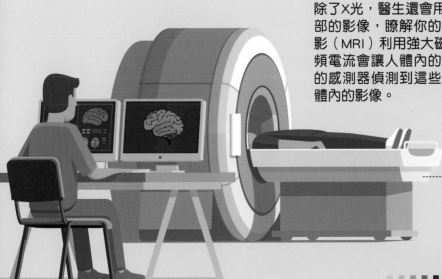

電腦斷層掃描（CT）會產生人體切面圖，幫助醫生診斷疾病。它使用很細的X光束環繞照射病人，把資訊傳回電腦，電腦就會呈現出影像。

原子科學

「我們所看到的一切,都由看不見的微小粒子所組成。」這個觀念可往前追溯到古希臘與印度。現在,我們把這些微小粒子稱為原子,我們也知道它們由更小的粒子組成。

原子的英文atom源自古希臘文atomos,意指「無法切開」。

原子結構

多年來,人們曾提出各種不同的原子模型。一開始,人們認為原子就是世上最小的粒子,後來發現原子含有更小的粒子,也就是質子、中子和電子。

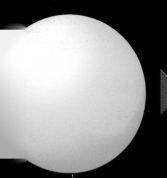

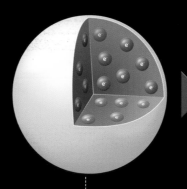

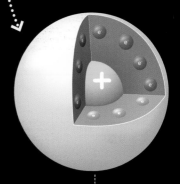

「撞球」模型

3年,約翰·道爾頓相信
就像撞球一樣,有固定
。

「葡萄乾布丁」模型

1904年,J·J·湯姆遜發現了電子,認為電子就像甜點中的葡萄乾。

「行星」模型

1911年,出生於紐西蘭的科學家歐內斯特·拉瑟福證明原子帶正電的部分(質子)集中在中央,也就是原子核,帶負電的部分(電子)則在外圍繞行。

原子蘊藏的力量

人類已經懂得利用核分裂時原子所產生的能量來發電,但原子還能釋放其他形式的有用能量。許多元素會自然衰變,釋放出輻射。有些元素的衰變週期很固定,我們可用它們製作極為精準的時鐘,或者藉此推斷一些岩石和遺跡的年代。

歐內斯特·拉瑟福

粉碎原子

粒子加速器是一種讓原子以非常快的速度相撞的特殊機器，它會記錄碰撞結果以及飛散的粒子碎片。大型強子對撞機（LHC）是圓周長27公里的環狀隧道，裡面裝有磁力強大的磁鐵，它能讓質子束以相反方向，環繞著整個環型加速器運行，並且以幾乎等於光速的速度碰撞彼此。質子碰撞後會粉碎飛散，產生神秘的微小次原子粒子。

質子碰撞

「波耳」模型

根據此模型，原子核密度高，電子在穩定軌道上繞行原子核。

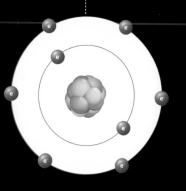

「電子雲」模型

現代科學家認同這種電子模型。

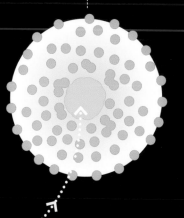

1832年，英國科學家詹姆斯·查德威克發現第三種次原子粒子：中子。它不帶電，和質子組成原子核。

與整個原子相比，原子核其實非常小。原子核的圓周不到整個原子的**一萬分之一**。原子核就像一顆位在足球場中央的豌豆。

愈來愈小

過去70年來，科學家提出數個理論，都認為原子由比電子、中子、質子更小的粒子組成。這些神秘粒子包括夸克和輕子，只有把原子以超高的速度撞擊粉碎，才能偵測到它們的存在。

奈米科技

奈米科技指的是利用非常微小的物體，有時甚至是特殊的原子，來製造新的材質和智慧型裝置。也許有一天，它們能幫助我們生存，帶給我們娛樂，延長食物的保鮮期，製成可以監測我們一舉一動的耐用衣物。

奈米是
十億分之一公尺。

一張報紙的厚度相當於
10萬奈米。

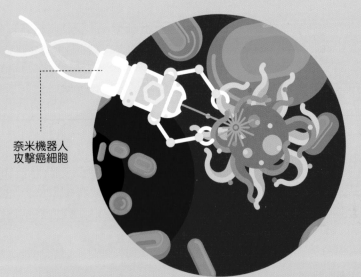

奈米機器人
攻擊癌細胞

醫學

科學家正試圖活用奈米科技材料與粒子來治療病人。比方說，我們可以用金奈米粒子攻擊人體的癌細胞，而不會傷害到健康細胞。我們也可以使用特別的奈米科技膠囊，長期對身體的特定部位投放適量藥劑。

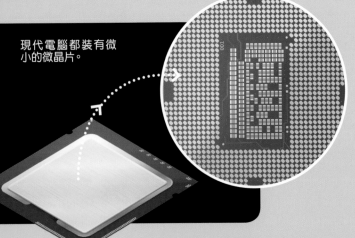

電腦科技

現今電腦內的微晶片，很多都利用奈米科技增加資訊處理量，加快處理速度，達到前所未有的效率。我們也用奈米科技薄膜包覆滑鼠、鍵盤和螢幕，創造抗菌層。

現代電腦都裝有微小的微晶片。

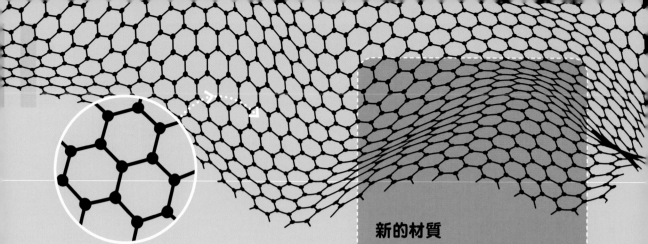

新的材質

石墨烯是由一層排列成六角形的碳原子所組成的輕薄材料。它雖然非常單薄，卻堅韌得令人意外——比鋼還堅固200倍！它的導熱性和導電性都很好，因此非常實用，我們可以把它應用在各種領域。

衣服與織品

運用奈米科技，我們可在衣物上裝設感測器，監測你的健康狀態，在情況惡化前就讓你知道。衣服也可以裝上迷你發電機，讓你能一邊行動，一邊幫手機和其他裝置充電。

運動

讓運動器材更堅固耐用。

傳熱性

熱管理塗層可以應用在從智慧型手機到汽車等所有物品上。

保存食物

許多冰箱和儲存容器現在都包覆了一層奈米銀塗層，以便創造抗菌表面、殺掉害蟲，讓食物保存得更久。

改良電腦

製作耐用電池和超級強大的電腦處理器。

生物科技

生物科技指的是改變生物，讓它們／牠們帶給人類更多益處的科技。我們可以選擇最優秀的生物範本加以繁殖，也可以透過改變生物密碼達成這個目的。

生物密碼

我們全身上下的每個細胞，幾乎都有一串生物密碼，負責控制我們的身體外觀和運作方式。這個密碼叫做去氧核醣核酸，也就是DNA。DNA是長鏈分子，兩條螺旋狀的長條物中間由一對對稱為核苷酸的化學物質相連。這道螺旋梯上的一對對核苷酸序列組成生物密碼，也就是基因，它會告訴細胞如何運作。

DNA

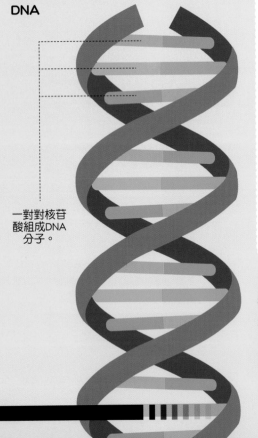

一對對核苷酸組成DNA分子。

選擇性育種

數千年來，人類培育了許多最優質的植物和動物，好強化它們／牠們後代的某些特徵。比方說，我們讓產乳量比較高的母牛生下小牛，希望牠們會遺傳母親的能力，也會生產很多牛奶。

家犬有數千個品種，但牠們都屬於同一個物種。每個品種都是基於某些特質培育而成，可能是跑得特別快、毛比較短，或體型較小。

基因定位

科學家已找出許多生物的基因圖譜，人類也不例外。他們利用這些資訊找出基因如何影響生物，瞭解有缺陷的基因如何引發疾病。

改變基因

科學家可以改變生物的基因，篩揀某個基因，把它放到另一個生物體內，甚至移轉到不同物種上。我們可以用這種技術創造能除掉害蟲的食用植物，或是產量更高的農作物。

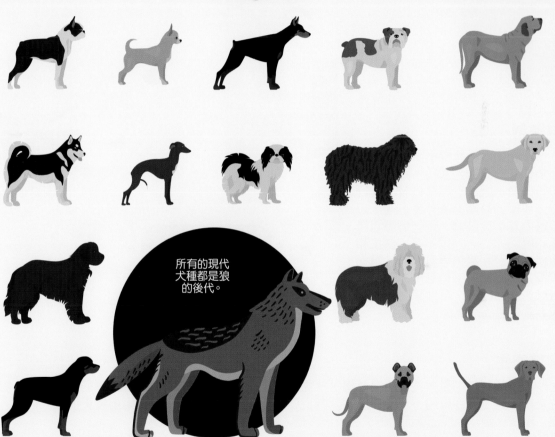

所有的現代犬種都是狼的後代。

複製

我們也可以利用某個生物身上的基因，製造一模一樣的生物，這個過程就稱為複製（也稱為克隆）。1996年，桃莉羊是史上第一隻複製成功的動物。

醫學科技

早期醫生所受的訓練有限，許多人試圖用草藥、特別調製的食品，甚至歌唱等方式來治療病人。醫藥與科技的發展，改善了我們的健康和治療疾病的方法。

麻醉劑

許多早期的手術都是截肢手術，因為傷口一旦受到感染，病患就可能喪命，因此會趕緊截肢。進行截肢手術的時間必須非常迅速，幾秒鐘內就切斷肢體，以防病患因驚嚇過度而死亡。19世紀初，醫生開始使用乙醚和氯仿等麻醉劑，讓病人進入睡眠狀態。但麻醉的使用劑量必須非常精準，不然有時病人會因為劑量過高而死亡。

現在進行手術時，醫生會小心監控麻醉劑量，隨病患身體狀況而調整。

保持衛生

另一項醫學科技的重大突破，是發現污穢物質與感染的關聯。在人們發現兩者的相關性之前，醫生在手術前不一定會洗手或戴上口罩，也不一定會在每次手術前後更換衣物，總是穿著同一條沾滿血跡的圍裙幫許多病人開刀，造成感染擴散。

移植

移植指的是換掉損壞的身體部位。移植手術已有超過100年的歷史。

1891年
第一個髖關節置換手術

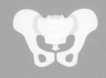

1905年
第一個眼角膜移植手術

1936年
第一個腎臟移植手術

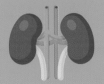

疫苗接種

疫苗接種指的是把死掉或改變過的病原體以注射的方式打入人體。這會激發人體免疫反應,成功打敗疾病。1796年5月,英國醫師愛德華‧詹納為一名男童詹姆斯‧菲普斯注射了危害性較低的牛痘病毒,讓他的身體產生抵抗天花的能力。自此之後,我們已發展出許多對抗各種疾病的疫苗,徹底消除天花,也讓白喉和麻疹等疾病的案例大幅減少。我們甚至應用改變基因的技術來發展疫苗,比如新冠肺炎疫苗。

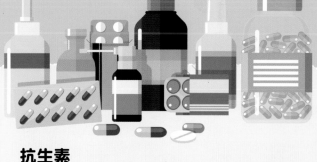

抗生素

1928年,英國醫生亞歷山大‧弗萊明把一個裝有細菌的培養皿放在打開的窗戶旁。培養皿長出了真菌孢子,弗萊明發現靠近孢子的細菌開始死亡,並依此項發現發展出稱為盤尼西林或青黴素的抗生素。抗生素能夠治療細菌感染,拯救了數百萬人的性命。但現今人們過度使用抗生素,它們的功效也變弱了。

1867年,英國外科醫生約瑟夫‧李斯特開始使用石碳噴劑清理傷口和醫療器材。這是最早的消毒劑,它大大降低了手術過程中因感染而死亡的案例。

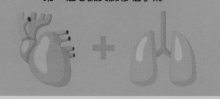

1963年	1967年	1981年
第一個肝移植手術	第一個心臟移植手術	第一個心臟與肺移植手術

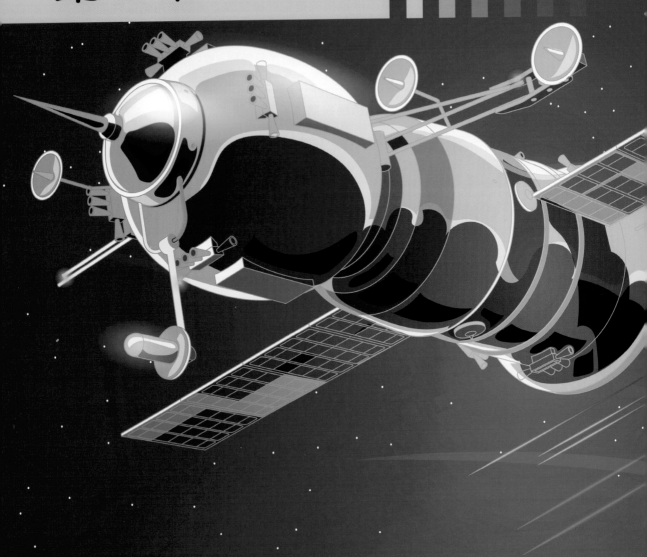

第七章

太空科技

前進太空

離開地球大氣層的保護進入太空，是複雜又危險的任務。身處外太空的太空人暴露在劇烈輻射與嚴寒中，那兒當然也沒有氧氣供人呼吸！

火箭

要抵達太空，我們必須發展夠強大的火箭引擎，才能讓火箭從地球表面穿過大氣層，進入太空。火箭的動力來自巨大的燃料庫和助推火箭。火箭從發射台一飛衝天，發射台設有引導火焰的溝槽，不會燒到火箭，以防造成任何損傷。

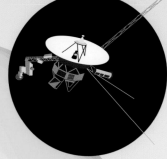

無人太空船

為了探索太陽系，人類設計了能夠在寒冷真空的太空中飛行的機器，它們能自行發電，載著精密儀器與工具收集數據，再傳回地球。

可載人的太空船

第一個飛上太空的人在一個又小又擠的球狀太空艙中旅行。相比之下，國際太空站的生活空間，相當於一架波音747巨無霸噴射客機。

太空夢

數千年來，人類一直夢想達成太空旅行，我們可以從文學與早期電影中發現許多講述人類探索宇宙的例子。

太空旅行的概念

寫於西元前4~5世紀的印度史詩《羅摩衍那》中，提到一個稱為「維馬納」，可以飛進太空的神奇飛行器。而在更近期的19世紀，科幻作家朱爾·凡爾納和H·G·威爾斯寫過人類用巨大太空槍或反地球引力的特殊機器，把人類射向月球的故事。發行於1902年的《月球旅行記》是史上最早的電影之一，內容描述一群法國探險家被一座巨炮射向月球，在那兒遇見了一群稱為塞勒尼特人的月球居民。

一架想像中的飛行火箭

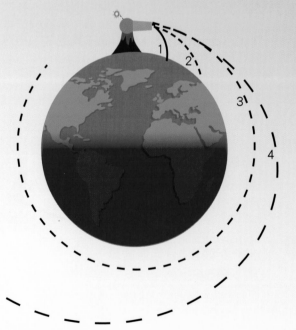

落到地球

英國科學家艾薩克·牛頓爵士是首先思考「速度決定能否繞行地球」的人士之一。他依據在高山頂端發射炮彈的想法，得出下列模型：

1. 如果我們丟下炮彈，它會朝地心墜落。

2. 如果炮彈以水平方向、每秒6,000公尺的速度射出，它會前進很長一段距離，但終究會落到地面。

3. 如果炮彈以每秒7,300公尺的速度發射，它會繞行地球。

4. 如果炮彈以超過每秒10,000公尺的速度發射，它會完全離開地球。

傳說中國有個名叫萬戶的將軍，
曾試圖把一張椅子裝上2隻風箏，
並在椅子背後裝了47枚火箭。
他坐上椅子，命人點燃火箭，
爆炸後煙霧瀰漫。
煙霧散去後，椅子和萬戶都消失了，
沒人知道他們去了哪裡。

早期火箭

中國在西元1世紀左右發明了一些原始的火箭，以竹筒製作，裡面裝了火藥，在節慶時點燃助興。到了13世紀，中國人首次在戰場上使用真正的火箭。火箭不斷發展，到了16世紀，德國煙火公司約翰·史米德勒普發明了可以飛得更高的多節火箭。在18、19世紀，印度與英國的火箭工程師做了更多突破，特別是英國上校威廉·康格里夫發明的海軍火箭，美國國歌中「火箭的閃閃紅光」一句的典故就出於此。

液態燃料

20世紀初，俄國科學家康斯坦丁·齊奧爾科夫斯基提議，為了登上太空，需要建造使用液態燃料的特殊火箭，才能達到飛離地球所需的速度。1926年美國工程師羅伯特·戈達德建造了第一個使用液態燃料的火箭。

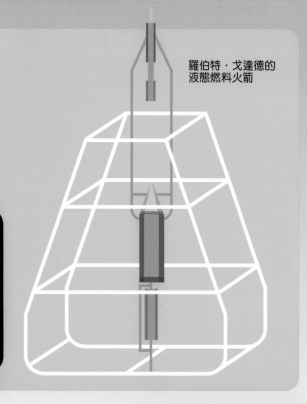

羅伯特·戈達德的
液態燃料火箭

羅伯特·戈達德的液態燃料火箭
首次成功起飛時，

只飛行了**2.5秒**，
到達12.5公尺的高度，
接著摔落在

56公尺外的高麗菜園裡。

遠離地球

自20世紀下半葉開始，科學家便著手研究如□
太空。這促使人類在1969年首次登陸月球。

飛彈

第二次世界大戰快結束時，德國科學家研發出V-2長程火
箭。它裝有液態燃料，具備自動導向系統，可承載900公
斤的炸藥前進數百公里。二戰結束時，美國和蘇聯想盡辦
法取得火箭技術並延攬相關的研發科學家，好發展自己的
飛彈和太空計畫。

史潑尼克衛星火箭

1957年10月4日，蘇聯成功把第一
個人造物送上地球軌道。史潑尼克
1號是銀色球形太空飛行器，直徑
58公分，重量將近84公斤。它揭開
了太空競賽的序幕。

人類登入太空

美國與蘇聯爭相達成各種號稱
史上首次的太空成就。成功發射
史潑尼克1號後，蘇聯在一個月
內，就用史潑尼克2號把一隻叫做萊
卡的狗送入太空。1961年4月，蘇聯太
空人尤里‧加加林搭著莫斯托克1號進入
太空，成為史上第一個抵達太空的人。現
在，太空人會搭著太空船安全回到地球，但加
加林當時必須在離地球表面7公里處，先從太
空艙射出，再靠降落傘降落地面。

前往各大行星

太空探險的初期，人類多次
試圖前往月球和其他行星。

月球

自1958年起，人類多次試
圖進入月球軌道和登陸月
球。雖然失敗許多次，但也
有幾次成功達成任務，包
括蘇聯的月球9號首次以
軟著陸的方式降落在月球
表面，成功送回月球表面
的首張照片。而蘇聯的月
球10號是月球的首架人造
衛星。

金星

1962年12月，美國的水手2號首次飛過金星。
約莫5年後，蘇聯的金星4號進入金星的大氣
層，接著金星7號在1970年12月，成為首次成
功降落在另一顆行星的太空飛行器。

火星

1965年7月，美國的水手4
號經過火星時，把第一張
火星近照傳回地球。1971年
11月，水手9號成為第一個
成功繞行另一個行星的太
空飛行器。不到一個月，蘇
聯的火星3號登陸者成功降
落火星，首次將火星表面
的照片傳回地球。

前往月球

人類經過各種前所未有的科技突破，才得以登上月球。農神5號火箭高
111公尺，重達2,800公噸（相當於400頭大象的重量）。它在前往月球
的途中點燃了三節火箭，才成功載運高達43.5公噸的重量衝進月球軌
道。經歷了數次試飛，阿波羅11號帶著3名太空人抵達
月球，尼爾·阿姆斯壯在1969年7月20日踏出人類
在月球上的第一步。

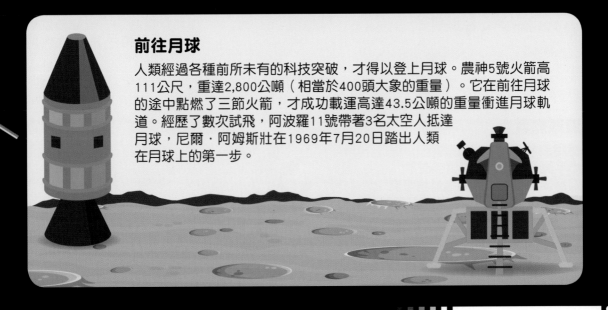

火箭動力

太空船需要巨大的能量,才能進入太空。我們必須把一個太空載具和它的貨物以非常快的速度送到高空,才能讓它衝出地球大氣層。目前,只有巨大火箭能做到這一點。

作用力與反作用力

火箭的運作原理是混和燃料與氧化劑並加以點燃,藉此產生一股強大的熱氣,從火箭引擎後方的噴嘴衝出。牛頓第三運動定律指出,每個作用力都有相等的反作用力。因此,火箭後方噴出的氣流會把火箭往上推,讓它衝向天空。火箭引擎主要分為兩種:固態燃料火箭和液態燃料火箭。

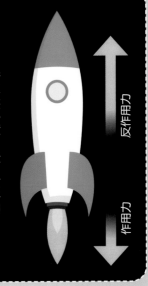

反作用力

作用力

固態燃料火箭

早期的火箭都是固態燃料火箭,煙火就屬於這一種。火箭內有燃料和氧化劑組成的固體粉粒,一旦點火就會燃燒。固態燃料的火箭威力非常強大,但難以控制──一點燃就會不斷燃燒,直到燃料耗盡。

液態燃料

使用液態燃料的火箭內,燃料與氧化劑以液態儲存在不同容器裡。它們被抽進燃燒室混合再點燃。這種火箭的建造難度較高,但比較好控制,可以根據指令開啟與關閉。

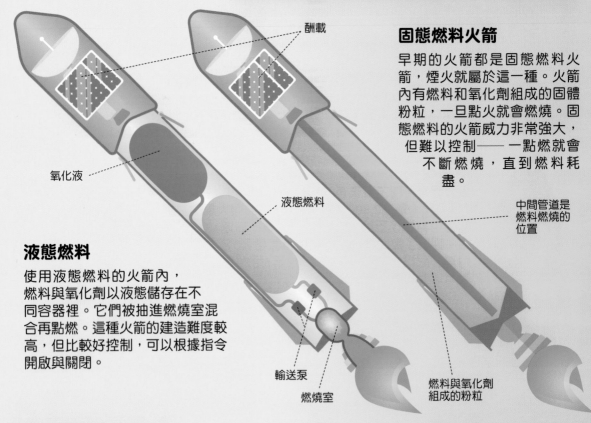

酬載

氧化液

液態燃料

中間管道是燃料燃燒的位置

輸送泵

燃燒室

燃料與氧化劑組成的粉粒

第二階段

第一節火箭與第二節分離，點燃第二節火箭引擎。

第三階段

拋下第二節，火箭繼續前進。

第一階段

火箭的第一節引擎點燃，火箭發射。燃料推動火箭衝上高空，進入第二階段。

分階段燃燒的多節火箭

火箭需要大量燃料才能抵達太空。比方說，太空探索技術公司SpaceX的獵鷹9號火箭重達540噸，其中的510噸都是燃料。這些燃料燒盡後，容納燃料的巨大空間就會空下來，因此多節火箭每燒完一節火箭的燃料，就會丟棄該節火箭，並點燃下一節火箭。

美國太空總署（NASA）
的太空發射系統（簡稱SLS）
同時使用固態與液態燃料。
這是史上最強大的火箭，
目標是以

每小時**40,000公里**的速度，
載著太空人前往月球。

多樣化的太空載具

如今，我們已將各式各樣的太空載具送上太空，每一種都針對特定任務設計，有的目標是研究我們的地球，有的是觀察太空的神奇景象，有的則是探索太陽系，有的則將太空人和貨物載送到繞行地球的太空站。

繞著地球轉

衛星繞著地球運轉，因為它們的行進速度與地球引力達到平衡。與離地球較遠的衛星相比，離地球較近的衛星的行進速度必須快一些，不然就會掉進大氣層。

離地35,786公里處的衛星繞行地球一周的時間，等同於地球自轉的時間。因此，在這兒的衛星會一直位於地球上方的同一點。這叫做同步軌道。

研究地球

現有繞行地球的人造衛星多達數千個。有些衛星拍下天氣變化的照片，幫助氣象學家預測未來天氣，有些則望向太空，收集許多光年外的資訊與影像。溝通衛星負責將無線電、電話和電視訊號傳送到世界各地，而全球定位系統（簡稱GPS）的衛星網絡可以指出你在地球上的位置，誤差只有幾公尺。所有衛星都具備自己的動力系統。它們的電力可能來自電池，也可能利用太陽能板將陽光轉換為電力。

載運人們

載人穿越地球大氣層的太空船，必須在溫度極低和沒有空氣的嚴峻太空環境中保障其中人員的安全。當太空船返回地球，進入大氣層時會產生炎熱高溫，太空船也必須保護太空人不受傷害。太空船穿過空氣粒子時會產生摩擦力，幫助太空船減緩速度，但也會產生逼近攝氏1,700度的高溫。為了解決這些難題，太空船都裝有隔熱板（可燒蝕的防禦板），或者具保護力的特殊隔熱磚。

1977年發射的航海家1號和2號是距離地球最遠的太空探測器。目前，航海家1號離地球230億公里，已離開太陽系，進入星際空間。

可重複使用的太空器

有些太空器經過設計改良，可重複使用。美國太空總署的太空梭軌道器在1981年到2011年間，共達成135次任務。SpaceX星艦有兩節可重複使用的火箭，它們會飛回地球，垂直降落。

探訪其他世界

人類執行了各種太空任務，把探測機器送往太陽系的每個行星、太陽，以及其他較小的天體，比如小行星、小遊星和彗星。在這些任務中，常利用其他行星的引力作為助推力，把它們送往太陽系中更遠的地方。

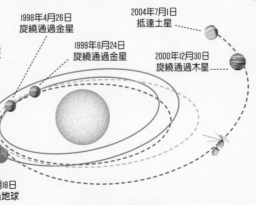

1998年4月26日
旋繞通過金星

2004年7月1日
抵達土星

1999年6月24日
旋繞通過金星

2000年12月30日
旋繞通過木星

1999年8月18日
旋繞通過地球

卡西尼探測器的路徑

探索其他行星

前往遙遠世界還不夠,有些太空載具不但可以衝過嚴酷的大氣層安全降落,還可以執行各種科學實驗,都不會故障呢!

降落在其他行星上

為了安全降落在其他世界,工程師想出了各種辦法。若要降落在沒有大氣層的星體,比如月球或小遊星,可用數個小型火箭組成的降落系統,讓太空載具在降落前減速,流暢地落地。若目的地是有大氣層的行星或衛星,載具可以透過降落傘減緩下墜速度,並在快要著陸前點燃火箭。

2021年2月,美國太空總署的火星探測車毅力號透過盤旋著陸器,順利降落至火星表面,而著陸器也在安全距離內落地。

嚴酷的世界

其他世界和地球大不相同,太空載具必須能夠在嚴酷環境中運作。火星環境類似地球某些地區,相比之下,金星是個非常可怕的世界。

金星表面有硫酸雲,而且溫度炎熱,足以把鉛融化!蘇聯向金星發射了一系列的探測器,有些費盡千辛萬苦才成功降落。金星14號只運作了57分鐘,就因熱度與壓力而毀損。

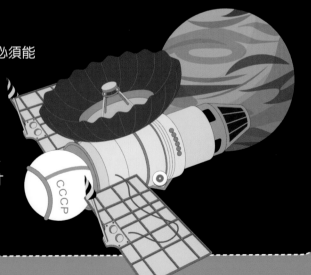

漫遊火星

美國太空總署目前已把5輛探測車送上紅色行星：

旅居者號：1977年7月著陸，重量約10公斤，可以0.03公里的時速行進。

精神號和機會號：這是一對在2004年1月抵達火星的姊妹探測車，重量接近170公斤，以近0.2公里的時速行進。

好奇號：2012年8月降落於火星，重量逼近900公斤，時速略高於0.15公里。

毅力號：2021年2月抵達火星，重量為1,025公斤，時速略高於0.15公里。

太空人尤金·塞爾南是

月球行進紀錄

保持者，
他於1972年12月13日
執行阿波羅17號任務時，
駕駛月球車達到
18公里的時速。

月球車

阿波羅15、16、17號任務都載了電動月球車，太空人可駕駛月球車探索月球表面。它的輪胎由金屬線製作，可以搭載2名太空人。

以地球時間計算，機會號火星探測車運作了**15年**，行進了**45公里**，是行星探測車的最高紀錄。

火星探測車

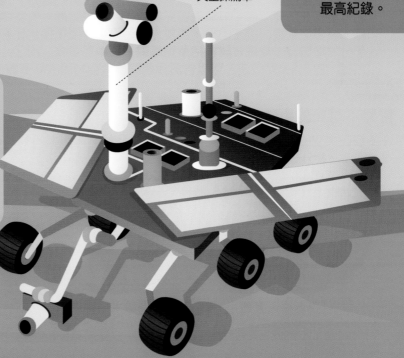

2004年，

精神號和機會號

兩架姊妹探測車都在
充氣氣囊的保護下，
以彈跳方式
降落在火星表面。

太空望遠鏡

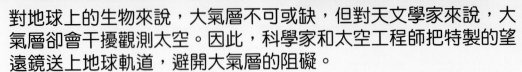

對地球上的生物來說,大氣層不可或缺,但對天文學家來說,大氣層卻會干擾觀測太空。因此,科學家和太空工程師把特製的望遠鏡送上地球軌道,避開大氣層的阻礙。

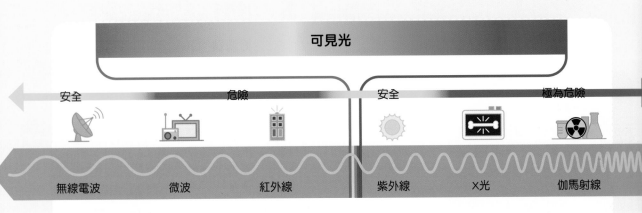

| 安全 | 危險 | | 安全 | | 極為危險 |

無線電波　　　微波　　　紅外線　　　紫外線　　　X光　　　伽馬射線

可見光

大氣干擾

韋伯太空望遠鏡可偵測紅外線輻射,尋找遠古銀河的蹤跡,也窺探巨大的星雲,恆星和行星就在那兒成形。但氣流讓光無法順利抵達地面,天空中的雲層也會嚴重阻礙視線。許多望遠鏡都設在山區,遠離光線污染,大氣干擾也比較少。大氣層也阻絕了一部分的電磁波(電磁波譜含括所有輻射,其中可見光只占了一小部分),但這些輻射頻率,包括X光和微波,可以告訴我們關於太空物體的許多資訊。

看見不可見的事物

許多位在太空的望遠鏡都安裝了特殊儀器,好偵測人眼看不見的輻射,包括紅外線、微波、紫外線和X光。這些望遠鏡包括:

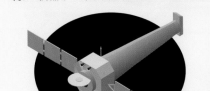

錢卓拉X射線天文台

於1999年發射,收集太空某些極為活躍的物體所散發的X光資訊,包括類星體和黑洞。

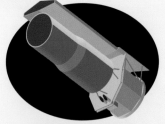

史匹哲太空望遠鏡

於2003年發射,研究許多太空物體的紅外線輻射,包括彗星和遠處的星系。

克卜勒太空望遠鏡

於2009年發射,美國太空總署主要用這座望遠鏡來搜尋行星,尋找繞行遠處恆星的行星蹤影。

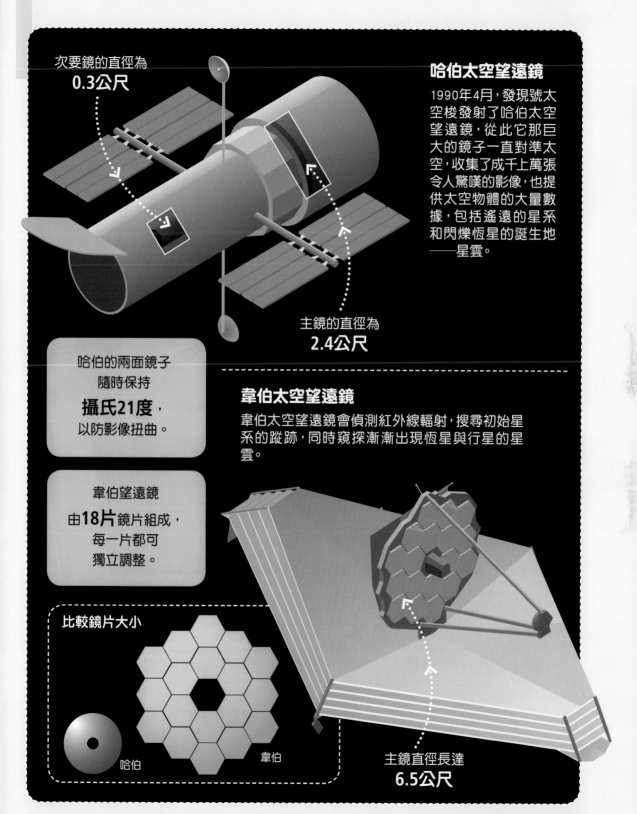

次要鏡的直徑為
0.3公尺

哈伯太空望遠鏡

1990年4月，發現號太空梭發射了哈伯太空望遠鏡，從此它那巨大的鏡子一直對準太空，收集了成千上萬張令人驚嘆的影像，也提供太空物體的大量數據，包括遙遠的星系和閃爍恆星的誕生地——星雲。

主鏡的直徑為
2.4公尺

哈伯的兩面鏡子
隨時保持
攝氏21度，
以防影像扭曲。

韋伯太空望遠鏡

韋伯太空望遠鏡會偵測紅外線輻射，搜尋初始星系的蹤跡，同時窺探漸漸出現恆星與行星的星雲。

韋伯望遠鏡
由**18片**鏡片組成，
每一片都可
獨立調整。

比較鏡片大小

哈伯

韋伯

主鏡直徑長達
6.5公尺

太空站

太空站是有人員駐守的太空載具,它繞行地球,太空人在這兒進行科學研究,瞭解在太空生活如何影響物體和人體。

太空生活

長時間在太空生活,會讓太空人承受許多強大壓力,包括來自太陽的巨量輻射。太空站和太空裝都具備防輻射層,而且太空人必須定時檢查,找出任何疾病癥兆。太空人在太空站過著非常繁忙的生活,除了工作外也有個人任務,比如寫日記。生活在重力很低的地方,可能會讓肌肉萎縮、骨骼密度降低。太空人必須定時運動,並接受精細動作技巧測試。

早期的太空站

自1971年起,共有11座有人駐守的太空站繞行地球。最早的單一建築太空站有2個,一個是蘇聯建立的,另一個是美國太空總署的天空實驗室。

蘇聯╱俄羅斯在1986~1996年間發射了一系列的組件,終於在太空中組建了**和平號太空站**。

中國發送了2個繞行地球的太空站:

天宮一號,在2011-2018年間繞行地球;天宮二號,在2016年送進繞行地球的軌道。

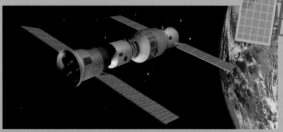

天宮一號是中國第一個太空站。

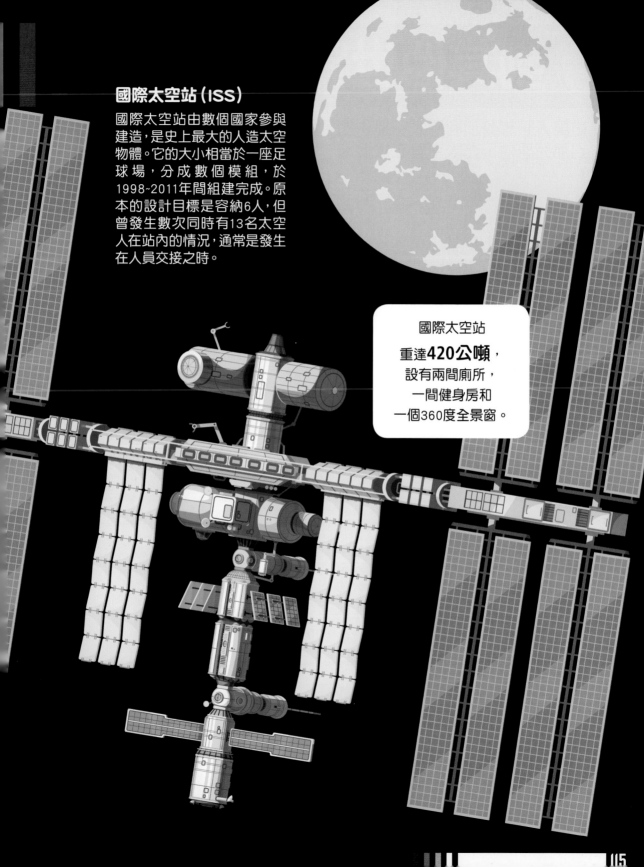

國際太空站（ISS）

國際太空站由數個國家參與建造，是史上最大的人造太空物體。它的大小相當於一座足球場，分成數個模組，於1998~2011年間組建完成。原本的設計目標是容納6人，但曾發生數次同時有13名太空人在站內的情況，通常是發生在人員交接之時。

國際太空站

重達420公噸，
設有兩間廁所，
一間健身房和
一個360度全景窗。

到其他世界生活

如果人類想善加利用太空提供的各種資源，就得探索其他世界，
到那兒居住，在太空建立根據地，或甚至太空城市。

生物圈2號

位於美國亞利桑那州的生物圈2號，於
1991年落成。這是一個封閉的生態系
統，目的是呈現人類如何在其他世界
生存。身處其中的人與外界斷絕
聯繫，必須完全仰賴裡面的空
氣、水和食物設備生活。這裡
設有7個生物群落：一個雨
林、一個有珊瑚礁的海洋、
一個紅樹林溼地、一個莽
原、一個雲霧沙漠、一個
農業區，和一個居住區。

主園區裡一座塔
廟外觀的溫室。

火星

對潛在拓荒者來說，火星有幾個特別棘手
的難題。首先，任何大型太空載具要安全
降落在火星表面，都必須仰賴極為巨大的
降落傘，才能在稀薄的火星大氣層提供足
夠的阻力。雖可透過太陽能板取得電力，
但太陽能板的尺寸必須比地球上的太陽能
板大得多，才能盡量吸收遠少於地球的太
陽輻射。

而且這些太陽能板需要定期清理，移除強
風一再吹來的大量火星塵。要在火星生
存，太空人必須種植足以養活自身的農作
物，汲取火星地表下的水源，甚至得自行
生產燃料，才能把這些必需品運回住處。

月球基地

美國太空總署阿提米斯月球計畫的其中一個目標，就是在月球建立一個基地。這個基地會是4名太空人的住所，必須設有電力供給、通訊、空氣、水和廢物處理等各種系統，並設有一個降落站，好讓補給任務和交接手續順利進行。這個基地也必須保護太空人不受寒冷的月球夜晚、月球塵和高輻射影響。對月球基地來說，最重要的功能之一，也許是為前往火星的載人任務提供停靠站。

外星環境地球化

除了地球以外，我們的太陽系中沒有任何天體有可供人類呼吸的空氣，因此要在另一個世界建立任何基地，都必須讓住在那兒的人們有空氣呼吸才行。我們有沒有辦法改變一個行星的大氣層，建立人們可以生活的環境呢？這個過程就叫做「地球化」或「地景改造」，需要發展各種目前還未面世的科技，才能增加其他天體的溫度和空氣壓力，好讓火星之類的行星變得適合人居。

未來的太空旅行

今天，我們得花上數個月甚至數年的時間，才能抵達太陽系的其他行星和天體。若想前往太陽系以外的地方，我們得為未來的太空船設計全新的動力系統才行。

漫漫長路

太空無比龐大。太空實在太大了，就連我們常用的距離單位，比如公里等，一旦到了太空就派不上用場。科學家使用光年來量測天體的距離，光年是光一年的行進距離，約莫9兆公里。

離太陽最近的恆星是比鄰星，位在4.35光年之外，相當於40兆公里。若使用現今的火箭科技，太空載具得花上**73,000年**才能抵達比鄰星。

在太空中航行

太陽之類的恆星會穩定發射光子束。裝上大型反射翼板的太空載具，可以偏折這些光子的行進方向，產生推進載具的推力。一旦出了太陽系，太陽的光子束效力就會大大減弱。科學家建議用強大的雷射製造光束，推進太空翼板。

離子推進器

這種火箭馬達會製造出一束帶電粒子，從太空載具射出，把載具往前推。離子推進器協助人造衛星繞地球行進，有些深太空探測器也靠離子推進器提供動力。

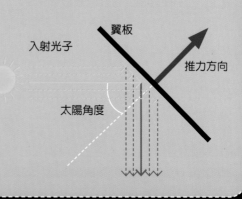

翼板

入射光子

推力方向

太陽角度

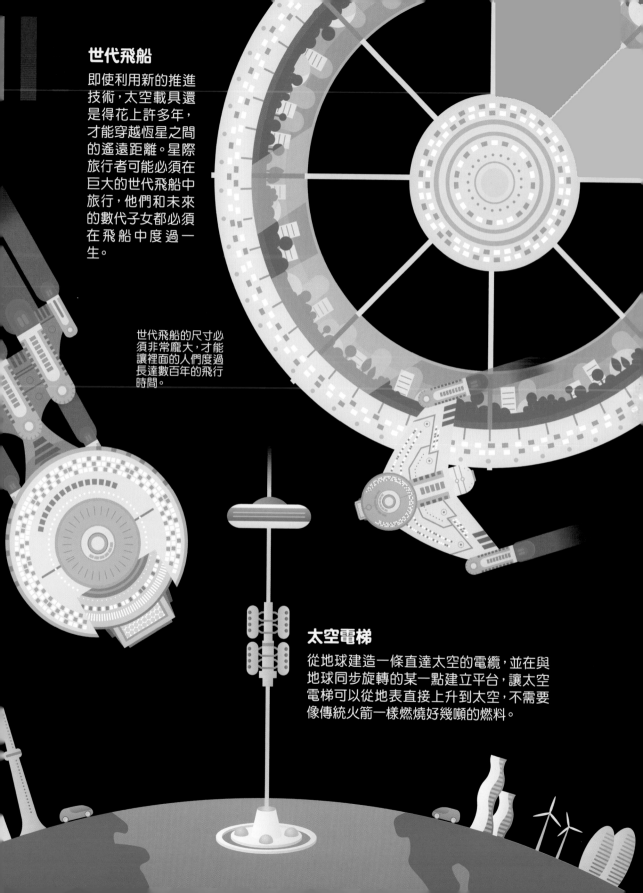

世代飛船

即使利用新的推進技術,太空載具還是得花上許多年,才能穿越恆星之間的遙遠距離。星際旅行者可能必須在巨大的世代飛船中旅行,他們和未來的數代子女都必須在飛船中度過一生。

世代飛船的尺寸必須非常龐大,才能讓裡面的人們度過長達數百年的飛行時間。

太空電梯

從地球建造一條直達太空的電纜,並在與地球同步旋轉的某一點建立平台,讓太空電梯可以從地表直接上升到太空,不需要像傳統火箭一樣燃燒好幾噸的燃料。

名詞解釋

DNA

去氧核醣核酸的縮寫，它是一種長鏈化學分子，形狀像一座旋轉梯，內含基因資訊，會告訴細胞該長成什麼樣子，做什麼事。

LCD

液晶顯示器（liquid-crystal display）的縮寫。這種面板內有水晶溶液，電流流過就會呈現畫面。

LED

發光二極體（light-emitting diode）的縮寫。這種面板內有成千上萬非常微小的發光二極體，會根據製造原料發散不同顏色的光芒。

3畫

工業革命

指18世紀下半葉，人們發展了工業生產流程，建造大型工廠、製作動力驅動的機器。

4畫

內燃機

一種引擎，它的內部會燃燒燃料。比方說，汽車的汽油引擎會在汽缸中混合汽油與空氣，再壓縮這些混合物，點燃後就會引發爆炸。爆炸會將活塞往下推，把這股力量傳到輪胎上就會促使輪胎轉動向前。

化石燃料

來自古老生物殘骸的燃料，例如泥炭、煤、石油和天然氣。

升力

飛機必須製造升力才能升空。熱氣球加熱氣球內的空氣，讓內部空氣密度低於外面，就能往上升。飛機機翼會創造升空所需的升力。

反射

光線從鏡子或光亮的表面跳開時，產生影像的現象。

太空站

一種繞行地球的太空載具，太空人會在這兒長時間生活，進行實驗。

水庫

水力發電壩的後方建了巨大的水庫。水庫中的水流進渦輪機，渦輪機與發電機相連，產生電力。

5畫

外星環境地球化

改造其他行星或衛星，讓它們有類似地球的生存條件，比如可供呼吸的大氣層和適合人類生活的環境。

生物科技

利用生物過程發展不同事物的技術。比方說，我們烘焙時會用酵母製作麵包，酪農為了增加乳牛的產奶量，會餵牠們特定食物；科學家可以改變植物的遺傳資訊，讓它們比較不容易生病。

生物質量（簡稱生質）

一種來自生物的原料，可作為發電或生熱的燃料。木頭和動物排泄物都屬於生物質量。

6畫

光纖

在纖長柔韌的玻璃管中，以光束傳遞資訊的技術。光沿著玻璃管一再反射彈跳前進。

再生能源

指的是不會被用盡的能源種類，比如風、水和太陽光，我們可以利用這些能源發電。

合成器

可結合不同聲音也可創造全新聲音的音樂機器，它像鋼琴一樣，通常是透過鍵盤來操作。

地熱的

指利用地球內部熱能的事物。舉例來說，地熱發電站就是利用地下岩石的高溫把水加熱再製造電力。

7畫

抗生素

一種可殺掉體內細菌、治療感染的藥物。

折射

當光線從一個物質傳到另一個物質，比如從空氣穿過水，光線路徑因而改變的現象。

防波堤

一道從海岸往海面延伸的長牆，它保護港口不受海浪影響，常以石頭或混凝土建造。防波堤能擋住海浪，以防大浪破壞船隻，同時提供船隻一個水面平靜、可安全停泊的區域。

8畫

奈米科技

藉由操縱非常微小的物體，甚至單一原子，來執行特定任務的科技，比如創造非常新穎優異的材質，或是讓藥物攻擊人體特定細胞的送藥系統。

金屬合金

混合兩種金屬所製成的金屬。

阻力

物體在氣體或液體中移動時產生的一種力。物體移動會造成亂流，因此產生阻力，阻力的方向與物體行進的方向相反。

9畫

拾音器

位在電吉他上的小巧電磁裝置，它們會偵測吉他弦的振動並轉換成電子訊號，接著再轉換成音符。

10畫

核分裂

分裂原子核，並釋放出巨大能量。

核融合

擠壓原子核直到它們融合並釋放巨大能量。

浮力

浮力指物體浮在液體或空中時所受的力。比方說，靜止於水面的船承受一股向上的浮力，這股浮力相當於船體推開或取代的水的重量。只要船體重量等於或小於這股向上的力量，船就可以浮在水面上。如果船的重量超過這股力量，就會下沉。

能

活動或做功的能力。

11畫

探測車

一種探索太空物體表面的車輛。太空人在月

球上駕駛探測車，我們也用機器探測車探索
火星表面。

接種疫苗

人們接種疫苗，就會對某種疾病產生免疫
力。

望遠鏡

用來觀測遠方物體的裝置。光學望遠鏡藉由
光線、鏡片和鏡子，產生遠方物體的影像。
有的望遠鏡也會用來偵測不可見的電磁波，
比如無線電波和X光。

梭織機

將尼龍或棉等纖維絲線織成布的機器。梭織
機把橫絲（也稱為經線）與縱絲（也稱為緯
線）交錯相織，製成布料。

粒子加速器

一個讓粒子高速撞擊彼此的機器，我們藉此
研究粒子互撞後所產生的微小碎片。大型強
子對撞機以光速射出粒子束，讓它們繞行長
達27公里的環狀管道，藉此研究次原子粒
子。

麻醉劑

讓病患感覺不到疼痛的化學藥劑，通常在手
術進行時使用。醫生可以進行局部麻醉，只
讓身體一部分失去感覺，也可以讓人徹底入
睡。

12畫

單軌鐵路

只使用單一軌道的鐵路系統。列車沿著軌道
行駛或懸吊在軌道下方。

智慧型手機

除了打電話，還能執行許多功能的行動電
話，比如傳送電子郵件、上網等，不同功能
通常有對應的應用程式，只要下載應用程式
就能執行。

渦輪

一個裝有扇葉的輪子，一有液體或氣體通過
就會開始旋轉。在發電廠裡，當水或蒸氣流
過渦輪時，它就會開始旋轉，帶動發電機製
造電力。

無人機

一種遠端操控的移動載具，有時操控者遠在
數百甚至數千公里之外，比如無人直升機、
無人飛機和無人船。

無線電波

一種電磁波，我們可調整電波的振幅和頻率
來傳輸資訊，比如通電話或收聽廣播節目。

發電機

製造電流的機器。這種機器裡有個磁場，線
圈在這個磁場內不斷旋轉，讓線圈產生電
流。

虛擬實境

透過電腦，立體呈現一個虛擬環境。只要戴
上特製眼罩、手套，甚至穿上連身服，就可
以與這個環境互動，讓人感到身歷其境，好
像親身體會、親眼見到電腦所呈現的一切影
像與聲音。

超迴路列車

讓列車在抽掉空氣的長管內行進的交通系
統。這讓列車得以在近似真空的空間中前
進，因為摩擦力很低，所以列車可以輕鬆快
速地移動。

13畫

微晶片

電腦裡一個用矽做成的零件。微晶片上刻印
電流路徑，處理資訊與指令。

義肢

人造的身體部位，用來替換病患失去或損壞

的身體部位，比如人造眼球和功能一應俱全的人造手。

電報

用金屬線傳輸電子訊號的通訊系統。

電磁波譜

電磁波譜呈現整個電磁輻射的範圍，包括波長很長的無線電波和波長很短的伽馬射線。電磁波譜涵蓋紅外線、紫外線等不可見的輻射，以及各種顏色的可見光。

14畫

旗號傳訊

藉由揮舞旗幟或手臂傳遞訊號的聯絡系統。藉由改變旗幟擺放的位置，拼出一個個字母。

磁浮列車

這種列車所行駛的鐵軌裝有磁鐵，利用同性相斥的磁力使列車浮在半空中，因此車軌與列車間的摩擦力非常小，讓列車輕鬆又快速地前進。

齊柏林飛船

一艘橄欖球狀的巨大飛船，它有著堅固骨架，外面則由一層布料包覆。飛船的大氣囊裝著氫氣或氦氣，產生飛上天空所需的升力。

15畫

數位

以數字記錄或傳遞訊息的形式，同時也指一種以數字呈現資訊的裝置。比方說，數位手錶用一串數字顯示時間，而不是用時針、指針指出刻度。

複合物

由兩種以上的物質組成，通常會製造出更強

韌的成品。比方說，碳纖維複合物是以樹脂包覆細小的碳纖維，這是一種輕巧又強韌的材質。

複製（也稱克隆）

根據生物的遺傳資訊，複製出一模一樣的生物。

18畫

擾流板

改善上方氣流的汽車裝置，「擾亂」任何會讓車子變慢的壞氣流。

19畫

類比訊號

一種使用無線電波記錄或傳送資訊的方式，同時也指以指針和刻度盤呈現資訊的儀器。比方說，英文的analogue watch是指針型手錶，用時針和分針指向刻度，呈現時刻。

23畫

顯微鏡

放大物體影像的科學儀器。光學顯微鏡透過光線與鏡片將物體影像放大，電子顯微鏡使用電子束為極為細小的物體產生影像。

索引

致謝名單

圖片來源

FC：封面；BC：封底；t：上方；b：下方；l：左邊；r：右邊；c：中間。
所有圖片都取自Shutterstock.com，除非另有說明。

8 White Space Illustrations, 9t intararit, 9br Designer things, 10tl Panda Vector, 10bl TRUNCUS, 10-11 Rustic, 11r BabLab, 12l GraphicsRF.com, 12br Fouad A. Saad, 12-13 kimchin, 13b SkyPics Studio, 14 Peter Hermes Furian, 14br Anatolir, 15t Jemastock, 15b Lack-O' Keen, 16 Olha1981, 17t Georgii Red, 17br BlueRingMedia, 18t Macrovector, 18b Adazhiy Dmytro, 19t Grimgram, 19c Alody, 19b elenabsl, 20 NotionPic, 21tl TatyanaTVK, 21tr stanga, 21b littleartvector, 22-23 grmarc, 24cl NotionPic, 24bl ideyweb, 24-25 all_is_magic, 25br adison pangchai, 26 PCH.Vector, 27tl avian, 27tc Gorrilar Vector, 27tr Sensvector, 27b naulicrea, 28t VikiVector, 28b aldonina, 29t Tomacco, 29b asantosg, 30-31 Korrapon Karapan, 30tl Fernando Kazuo, 30tr littleartvector, 30b faqeeh, 31t Sentavio, 31c Anna Sprenne, 32tr Macrovector, 32b PCH.Vector, 33l brichuas, 33r Nina Van Pan, 34t Roxiller13, 34b vectortatu, 35t AndriyA, 35c A7880S, 35b Serz_72, 36tl metamorworks, 36-37 Red monkey, 37t Golden Sikorka, 38 ProStockStudio, 39tl VectorMine, 39tr Multigon, 39b Towhidul Islam Tuhin, 40tr LynxVector, 40-41 GoodStudio, 41tl Olga Kuevda, 41tr Vector Bestsellers, 42t Looper, 42br Pogorelova Olga, 43b Naci Yavuz, 44-45t Paul Kovaloff, 44-45c shaineast, 44bl, 44-45b KittyVector, 46t Babich Alexander, 46-47b andrey_l, 47tr Yulia Glam, 48 MicroOne, 48-49b Wth, 49tl petovarga, 50t EreborMountain, 50b Mountain Brothers, 51t 90miles, 51b andrey_l, 52 karnoff, 53t Vector Tradition, 53c Tarikdiz, 53b Alisa ChaseOn, 54 Anatolii Demenko, 55tl Moirangthem Surajit Singh, 55tr Darth_Vector, 55b Himertanz, 56t Anait, 57tl Anydudl, 57cr sanggart, 57b Illust Design's Lab, 58tl Uranium, 58tr Tartila, 58br Vectors Bang, 59t Ungureanu Alexandra, 59b Peter Hermes Furian, 60-61t sonia.eps, 60b NEGOVURA, 61t VectorPixelStar, 61b SpicyTruffel, 62tr YummyBuum, 62tl Dubs Studio, 62br frk, 63tl maximmmmum, 63tr Golden Vector, 63b Pause, 64t MoonRock, 64bl Anatolir, 64-65 Art Alex, 65t curiosity, 66t MyPro, 66cr Shemoto, 66bl MoreVector, 67t COLCU, 67b AnutaBerg, 68 Julia Tim, 69tr vladwel, 69ctr Etka, 69cbr GoodStudio, 69br marysuperstudio, 70t Morphart Creation, 71t Save nature and wildlife, 71bl Caveman Crayon, 71br Leandro PP, Javier Cordero, 72t Gaidamashchuk, 72b Denis Dubrovin, 72br ASAG Studio, 73tl NotionPic, 73b judyjump, 74tl sanjeev Graphic Artist, 74-75b GoodStudio, 76cl vinap, 76tr RedlineVector, 76b Lexamer, 77t kanvictory, 77b Alody, 78tr pantid123, 78b Teeranont Piyakruatip, 79t Ovchinnkov Vladimir, 79b, 80-81 Roy F Wylam, 81t roseed abbas, 82tl pnDl, 82-83 SkyPics Studio, 83t metamorworks, 84 Lecter, 85l fredrisher, 85c Golden Sikorka, 85r VectorMine, 86l Kazakova Maryia, 86r VectorMine, 87tl delcarmat, 87bl Pikovit, 88t Miss Fortuna, 88bl Kashtanowww, 88br RNko, 89tr VectorVicePhoto, 89b peterszabo77, 90cl Zern Liew, 90b, 90-91 Nasky, 91t cipta studio, 91b Iconic Bestiary, 92-93 Designua, 92br, 93r roseed abbas, 93t Master_Andrii, 94tr Rvector, 94c graphicwithart, 94b Dmytro Bochkov, 95t My Portfolio, 95bl ONYXprj, 95tr Martin Kalimon, 95cr Oleksandr Molotkovych, 95cb ST.art, 96l ShadeDesign, 96c SunshineVector, 96-97 A7880S, 97t Alody, 97b HappyPictures, 98-99t Golden Sikorka, 98-99b Hvsht, 99tr Telnov Oleksii, 99cr Abscent, 100 Alexey Malkov, 101l Robert Davies, 101c mari2d, 101br Ufuk Aydin, 102t Antonio Lirio, 104tl vectorOK, 104cr kontur-vid, 104bl Ninchik, 105tl Lisitsa, 105tc, 105tr Macrovector, 105b Sergey_Accha, 106tr Meilun, 106b VectorMine, 107 Dmytro Bochkov, 107br Dmitriy Nikiforov, 108t Alody, 108br Golden Sikorka, 109bl SidraArt, 110tl Dmytro Bochkov, 110b Zaharius, 111t White Space Illustrations, 111b Amanita Silvicora, 112t VectorMine, 112b, 113t, 113b bhjary, 114tr peart.ru, 114cl Zonda, 114bl Mila Kananovych, 114br Alejo Miranda, 115, 116-117 Macrovector, 117t KittyVector, 117c BlueRingMedia, 118l Benvenuto Cellini, 119t delcarmat, 119b metamorworks

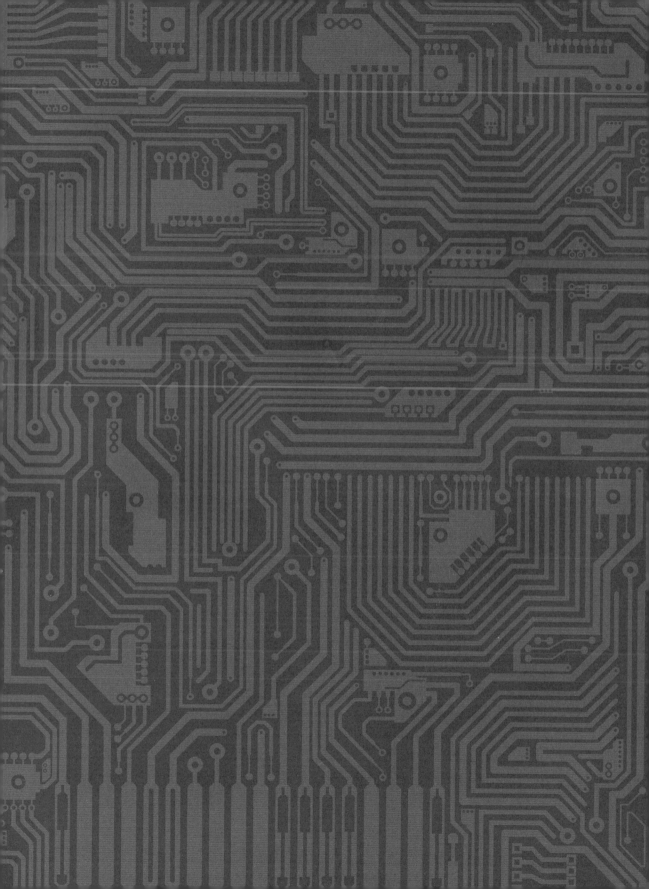